arbitragem com o setor público

inter
saberes

arbitragem com o setor público

Cristina Bichels Leitão

inter saberes

Rua Clara Vendramin, 58
Mossunguê . CEP 81200-170
Curitiba . PR . Brasil
Fone: (41) 2106-4170
www.intersaberes.com
editora@intersaberes.com

- Conselho editorial
  Dr. Alexandre Coutinho Pagliarini
  Dr.ª Elena Godoy
  Dr. Neri dos Santos
  M.ª Maria Lúcia Prado Sabatella

- Editora-chefe
  Lindsay Azambuja

- Gerente editorial
  Ariadne Nunes Wenger

- Assistente editorial
  Daniela Viroli Pereira Pinto

- Preparação de originais
  Ana Maria Ziccardi

- Edição de texto
  Letra & Língua Ltda. – ME

- Projeto gráfico
  Raphael Bernadelli

- Capa
  Sílvio Gabriel Spannenberg (*design*)
  O.C Ritz/Shutterstock (imagem)

- Diagramação
  Querido Design

- Equipe de *design*
  Charles L. da Silva
  Sílvio Gabriel Spannenberg

- Iconografia
  Regina Claudia Cruz Prestes

Dados Internacionais de Catalogação na Publicação (CIP)
(Câmara Brasileira do Livro, SP, Brasil)

Leitão, Cristina Bichels
  Arbitragem com o setor público / Cristina Bichels Leitão. -- Curitiba, PR : Editora Intersaberes, 2023.

  Bibliografia.
  ISBN 978-85-227-0422-4

  1. Administração pública 2. Arbitragem (Direito) – Jurisprudência 3. Sentença arbitral I. Título.

22-140616   CDU-347.918

Índices para catálogo sistemático:
1. Arbitragem em administração pública   347.918
Eliete Marques da Silva – Bibliotecária – CRB-8/9380

1ª edição, 2023.
Foi feito o depósito legal.
Informamos que é de inteira responsabilidade da autora a emissão de conceitos.

Nenhuma parte desta publicação poderá ser reproduzida por qualquer meio ou forma sem a prévia autorização da Editora InterSaberes.

A violação dos direitos autorais é crime estabelecido na Lei n. 9.610/1998 e punido pelo art. 184 do Código Penal.

apresentação 11

como aproveitar ao máximo este livro 15

Capítulo 1 **Arbitragem e Administração Pública - 19**

1.1 Breves premissas sobre a arbitragem - 20
1.2 Conceito de Administração Pública - 24
1.3 Histórico e evolução legislativa da arbitragem com a Administração Pública - 28
1.4 Jurisprudência nacional: casos marcantes - 43
1.5 Viabilidade da arbitragem com o Poder Público - 54

Capítulo 2 **Arbitrabilidade, tipos de arbitragem e convenção arbitral - 65**

2.1 Arbitrabilidade - 66
2.2 Arbitragem de direito e de equidade - 78
2.3 Arbitragem institucional e *ad hoc* - 81
2.4 Convenção de arbitragem - 85

Capítulo 3 **Peculiaridades da arbitragem com o Poder Público - 111**

3.1 O papel do advogado público - 112
3.2 Cadastramento das câmaras - 114
3.3 A escolha dos árbitros - 124
3.4 Custos, publicidade, sede e idioma - 129

Capítulo 4 **Procedimento arbitral, sentença e efetivação - 149**

4.1 Requerimento, instauração e desenvolvimento da arbitragem - 150
4.2 Tutela provisória - 156
4.3 Sentença arbitral - 161

considerações finais 175

lista de siglas 179

referências 181

respostas 197

sobre a autora 201

Aos meus filhos, Matheus e Thomas, os quais amo infinitamente.

*Aos meus pais, Olival (*in memoriam*), exemplo de profissional que sempre me inspirou, e Regina, paradigma de pessoa, quem primeiro me mostrou a virtude da empatia.*

Agradeço ao Miro, meu porto seguro, que me apoia desde nosso reencontro. E nem percebe o quanto.

Sou grata aos meus alunos e às minhas alunas, pelos questionamentos e incentivos. Vocês me movem.

Minha gratidão ao bibliotecário Paulo, da Procuradoria-Geral do Estado do Paraná, que está sempre a postos para ajudar na pesquisa.

Meus sinceros agradecimentos à aluna e estagiária Alexia Barros Pospiesz de Oliveira, que me auxiliou na pesquisa e na revisão da obra, além de me ter trazido alguns conselhos joviais para que tudo faça mais sentido à querida leitora, ao querido leitor.

Diante de conflitos de interesses, os indivíduos têm à sua disposição diversos meios de solução, sendo o Poder Judiciário o mais tradicional. Todavia, os métodos adequados/alternativos de resolução de conflitos, que compõem o sistema multiportas, têm sido cada vez mais utilizados na sociedade atual. A conciliação, a mediação e a arbitragem têm evoluído de maneira significativa nas esferas privada e pública.

Especificamente sobre a arbitragem, um meio privado de resolução de disputas, seu crescimento no país é demonstrado pela participação nas cortes de arbitragens internacionais e nacionais. Por exemplo, em 2021, o Brasil foi o segundo no *ranking* de países em arbitragens da Corte Internacional de Arbitragem, da Câmara do Comércio Internacional (CCI). Atualmente, é muito frequente, por exemplo, que imobiliárias estabeleçam uma cláusula compromissória em seus contratos de aluguel pela qual as partes, caso surja uma controvérsia acerca do contrato, levarão o litígio à arbitragem. Se os contratantes firmam uma cláusula compromissória, são obrigados a submeter-se à arbitragem em caso de surgimento de litígio. Apesar de, no Brasil, ninguém ser obrigado a se submeter à arbitragem, se a forma de resolução de disputas for

apresentação

convencionada, ela passa a ser obrigatória entre as partes que a firmaram, a não ser que elas pactuem juntas pela extinção da cláusula.

O advogado e a advogada que conhecem as formas adequadas de solução de litígios têm melhores condições de orientar seu cliente sobre qual o meio ideal para resolver seu conflito. Em alguns casos, é mais adequado propor ação judicial, em outros, no entanto, é preferível a arbitragem. Há também situações nas quais o profissional da advocacia pode orientar seu cliente pela mediação. É fundamental o conhecimento, a maturidade e a sensibilidade nessa orientação minuciosa para que o cliente faça cumprir seu direito da forma mais rápida, segura e efetiva*.

No setor público, a participação da Administração Pública em arbitragens também tem progredido, sendo necessário, portanto, que os atores do direito conheçam o tema para atuarem como advogados das partes e também como árbitros.

Entendemos que a arbitragem é fortemente recomendada para determinados tipos de litígios originados de contratos administrativos de altos valores pactuados pela Administração Pública, dadas suas características de especialidade, celeridade e possibilidade de escolha do árbitro. Daí por que sua compreensão é primordial para quem atua na área do direito público.

Nesse contexto, o objetivo deste livro é descortinar a arbitragem no setor público, revelando, com base na legislação vigente no Brasil, na doutrina e nas decisões dos tribunais, especialmente do Superior Tribunal de Justiça e do Supremo Tribunal Federal, respostas sobre qual o fundamento para resolução de conflitos envolvendo a Administração Pública, e, também, como

---

* Sobre o tema, recomendamos a leitura do artigo "O advogado como arquiteto de processos", de Leila Cuéllar (2020).

se deve desenvolver o procedimento arbitral que tem como parte a Administração Pública. Para tanto, organizamos esta obra em quatro capítulos, cujo conteúdo detalhamos a seguir.

No primeiro capítulo, apresentamos uma breve revisão sobre a arbitragem, seu conceito, sua natureza jurídica, sua origem na convenção arbitral, os tipos de arbitragem e os princípios que lhe são aplicáveis. Também abordamos o conceito de Administração Pública e traçamos um histórico da arbitragem com o Poder Público, além de analisarmos a legislação pertinente e o entendimento da jurisprudência nacional com relação ao tema.

No segundo capítulo, indicamos os tipos de conflitos da Administração Pública que podem ser submetidos à arbitragem. Explicamos a arbitrabilidade objetiva e a subjetiva, os tipos de arbitragem e quais deles são adequados quando o Poder Público é parte. Ainda, apontamos as convenções arbitrais, suas espécies e características.

Feito isso, no terceiro capítulo, evidenciamos o papel do advogado público, como é feita a escolha das câmaras e dos árbitros e as particularidades da arbitragem nos conflitos com o Poder Público.

Por fim, no quarto capítulo, examinamos o procedimento arbitral aplicável às causas envolvendo o setor público, do requerimento até a prolação da sentença arbitral, tratando, também, das tutelas antecipada e cautelar na arbitragem e da efetivação da sentença arbitral. Ao final, apresentamos algumas considerações com relação à ação anulatória da sentença arbitral e ao cumprimento da sentença arbitral contra o Poder Público.

O livro foi especialmente construído para conversar com o leitor e a leitora que querem se aventurar no mundo da arbitragem com o Poder Público de maneira prazerosa e fluida. Boa leitura!

Este livro traz alguns recursos que visam enriquecer o seu aprendizado, facilitar a compreensão dos conteúdos e tornar a leitura mais dinâmica. São ferramentas projetadas de acordo com a natureza dos temas que vamos examinar. Veja a seguir como esses recursos se encontram distribuídos no decorrer desta obra.

Conteúdos do capítulo
Logo na abertura do capítulo, relacionamos os conteúdos que nele serão abordados.

Importante!
Algumas das informações centrais para a compreensão da obra aparecem nesta seção. Aproveite para refletir sobre os conteúdos apresentados.

como aproveitar ao máximo este livro

Preste atenção!
Apresentamos informações complementares a respeito do assunto que está sendo tratado.

Síntese
Você dispõe, ao final do capítulo, de uma síntese que traz os principais conceitos nele abordados.

Questões para Revisão

1) Assinale a alternativa correta sobre a arbitragem com a Administração Pública:
   a. Não é permitida no ordenamento jurídico brasileiro, em observância ao princípio da indisponibilidade do interesse público.
   b. É permitida no ordenamento jurídico brasileiro apenas para a Administração Pública federal.
   c. Existe no Brasil desde 2015, quando foi expressamente permitida pela Lei de Arbitragem, com a alteração da Lei n. 13.129/2015.
   d. Existe no Brasil desde os tempos do Império e teve uma evolução significativa nas últimas décadas.
   e. É considerada ilegal pelo Superior Tribunal de Justiça.

2) Para efeitos de participação nas arbitragens, considera-se Administração Pública:
   a. União, estados, Distrito Federal, municípios, fundações, autarquias, sociedades de economia mista e empresas públicas.
   b. Fundações, autarquias, sociedades de economia mista e empresas públicas.
   c. União e suas autarquias federais.
   d. Apenas as pessoas jurídicas de direito público interno.
   e. Empresas públicas e privadas.

Questões para revisão

Ao realizar estas atividades, você poderá rever os principais conceitos analisados. Ao final do livro, disponibilizamos as respostas às questões para a verificação de sua aprendizagem.

---

3) São técnicas adotadas nos procedimentos arbitrais, exceto:
   a. Método *chess clock*.
   b. Inspeção judicial.
   c. *Hot-tubbing*.
   d. *Expert witness*.
   e. Depoimentos escritos previamente pelas testemunhas.

4) Descreva como ocorre a escolha pelo procedimento arbitral pelo gestor público.

5) A quem cabe definir o rito da arbitragem?

Questões para Reflexão

1) Imagine que a prefeita de um município brasileiro visita a França e conhece o Centre Pompidou*, em Paris. A prefeita se encanta e resolve proporcionar aos seus munícipes uma experiência semelhante. Resolve fazer uma grande obra pública de construção e exploração do maior e mais moderno centro artístico-cultural do país, com biblioteca, cinemateca, teatro, parque, centro de línguas, museu, planetário, cafés, restaurantes, *coworking*, escola para oferta de cursos de arte, balé, gastronomia, moda, música, fotografia, *design* e teatro. Considere que a previsão do custo da obra é de 50 milhões de reais, mas o município não tem a verba para essa finalidade e resolve firmar uma parceria público-privada** para atrair investimentos do setor

* Confira o site do Centre Pompidou, disponível em: <https://www.centrepompidou.fr/br/>. Acesso em: 16 jan. 2023.
** "Parceria público-privada é o contrato administrativo de concessão, na modalidade patrocinada ou administrativa" (Lei n. 11.079/2004, art. 2º).

Questões para reflexão

Ao propor estas questões, pretendemos estimular sua reflexão crítica sobre temas que ampliam a discussão dos conteúdos tratados no capítulo, contemplando ideias e experiências que podem ser compartilhadas com seus pares.

I

Conteúdo do capítulo

» Premissas sobre a arbitragem.
» Conceito de Administração Pública.
» Histórico e evolução legislativa.
» Julgados marcantes sobre arbitragem com a Administração Pública.
» Fundamentos que justificam o cabimento da arbitragem com a Administração Pública.

Após o estudo deste capítulo, você será capaz de:

1. contextualizar a Administração Pública direcionada ao estudo da arbitragem, compreendendo a distinção entre Administração Pública direta e indireta;
2. compreender os aspectos históricos relacionados à arbitragem com o Poder Público;
3. elencar as principais leis que contemplam a arbitragem como forma de resolução de conflitos com o Poder Público, antes e após a Lei de Arbitragem;
4. entender os julgados marcantes que reconheceram a possibilidade de o Poder Público submeter seus litígios à arbitragem;
5. compreender que, mesmo diante do princípio da indisponibilidade do interesse público, ao Poder Público é permitido submeter seus litígios de natureza patrimonial disponível à arbitragem.

Arbitragem e Administração Pública

1.1 Breves premissas sobre a arbitragem

A arbitragem é uma forma heterocompositiva privada de resolução de conflitos. As partes envolvidas em uma controvérsia que envolva direito patrimonial disponível levam a questão a um árbitro, ou a um tribunal arbitral, para decidir sobre a matéria aplicando o direito ou a equidade e, assim, resolver o conflito.

Dessa forma, em vez de buscar o Poder Judiciário para resolver o conflito, as partes pedem a um árbitro, ou tribunal arbitral, para julgar a causa.

Há inúmeros exemplos de controvérsias que têm sido dirimidas no âmbito da arbitragem. Entre alguns temas arbitráveis, citamos os litígios empresariais, societários, de responsabilidade civil, trabalhistas, consumeristas, de família e sucessões e os litígios com o (ou no) Poder Público.

No Brasil, a arbitragem pode surgir de uma cláusula compromissória ou de um compromisso arbitral, ambos genericamente denominados *convenções arbitrais*. O art. 3º da Lei n. 9.307, de 23 de setembro de 1996, conhecida como Lei da Arbitragem (LA), estabelece que "as partes interessadas podem submeter a solução de seus litígios ao juízo arbitral mediante convenção de arbitragem [...]" (Brasil, 1996). A convenção de arbitragem, por sua vez, manifesta-se por meio de cláusula compromissória, ou de compromisso arbitral.

A cláusula compromissória é uma cláusula inserida em um contrato. Por aqui, já podemos adiantar que tudo o que pode ser objeto de contrato é passível de ser dirimido na arbitragem. Isso porque os requisitos para contratar – capacidade das partes, objeto lícito e possível, forma prescrita e não defesa em lei – igualmente são pressupostos da arbitrabilidade objetiva.

Assim, a cláusula compromissória é estabelecida nos contratos em geral: as partes contratantes têm a liberdade de incluir uma cláusula que, em vez de endereçar eventual conflito que surja da interpretação ou do cumprimento das cláusulas contratuais ao Poder Judiciário (cláusula de eleição de foro), levará o conflito à arbitragem. A cláusula compromissória é, portanto, estabelecida para o futuro, já que, quando as partes convencionam o contrato, não há litígio. Ele pode advir supervenientemente e, nesse caso, as partes deverão requerer a instauração da arbitragem para sua solução.

A cláusula compromissória é dotada de autonomia em relação ao contrato, de modo que a nulidade deste não afeta aquela, conforme prevê o art. 8º da Lei n. 9.307/1996, a Lei da Arbitragem (Brasil, 1996).

A cláusula compromissória pode se apresentar cheia ou vazia: quando seu conteúdo é suficiente para que a arbitragem seja instaurada, ela é denominada *cláusula cheia*; quando não contém elementos suficientes para o início da arbitragem, o que demandará a pactuação de um compromisso arbitral, ela é denominada *cláusula vazia*.

O compromisso arbitral é convenção estabelecida entre as partes quando já existe um litígio entre elas, que convencionam resolvê-lo por meio da arbitragem. Ele pode ser formalizado pela via judicial ou extrajudicial.

Por exemplo, imaginemos que duas empresas estão litigando em um processo judicial perante o Poder Judiciário. É perfeitamente possível que, em uma audiência, resolvam levar o conflito à arbitragem. Isso, claro, se a causa versar sobre direito patrimonial disponível. Pode acontecer de o processo judicial ser moroso ou de as partes terem a intenção de que um especialista no assunto profira a decisão.

É possível, também, que indivíduos em conflito convencionem extrajudicialmente pelo compromisso arbitral; por exemplo, duas pessoas que se envolveram em um acidente e não acordam quanto à culpa pelo evento podem submeter seu litígio à arbitragem mediante compromisso arbitral extrajudicial.

A arbitragem é pura expressão da liberdade das partes e decorre do princípio da autonomia da vontade, portanto é facultativa (Cahali, 2020). A autonomia privada, registre-se, "é o elemento que coloca o instituto da arbitragem ao abrigo da proteção constitucional. A arbitragem é constitucional porque revela genuína expressão da liberdade individual" (Fichtner; Mannheimer; Monteiro, 2019, p. 31).

Não obstante ser privada, já que não integra a estrutura pública do Poder Judiciário, a arbitragem tem natureza jurisdicional (Dinamarco, 2013), o que é reconhecido pela jurisprudência (Brasil, 2014; 2016b; 2017b). Ela se origina do consenso entre as partes, que renunciam à tutela jurisdicional estatal para ver seu conflito resolvido na esfera arbitral. Por isso, autores afirmam que a arbitragem tem natureza contratual e jurisdicional (híbrida): origina-se de um contrato, mas se desenvolve de acordo com o princípio do devido processo legal, finalizando com a prolação da sentença arbitral, que é título executivo judicial, o que lhe confere a natureza jurisdicional (Carmona, 2004; Baraldi, 2018).

Por estar incorporada à teoria geral do processo e sujeita às normas processuais constitucionais (Dinamarco, 2013), a arbitragem deve ser dotada das garantias do contraditório e de ampla defesa, da igualdade das partes, da imparcialidade e do livre convencimento do árbitro.

Além da escolha das regras procedimentais, as partes têm liberdade para definir o fundamento pelo qual o litígio será resolvido (Carmona, 2004). Poderá a arbitragem ser de direito ou de equidade. De direito, quando determinada legislação nacional ou estrangeira servir de fundamento da sentença arbitral. Frisamos que as partes podem livremente escolher as regras de direito aplicáveis, desde que não haja violação aos bons costumes e à ordem pública.

A arbitragem de equidade ocorre quando o árbitro respalda sua decisão em seu próprio espírito de justiça, aplicada ao caso concreto, e não na lei.

Também é relevante frisarmos que a arbitragem pode ser realizada por instituição arbitral (institucional) ou por árbitro nomeado *ad hoc*.

A arbitragem institucional ocorre quando uma instituição é escolhida pelas partes para conduzir o procedimento. Há diversas câmaras, cortes e órgãos que realizam esse trabalho de administrar arbitragens, como a Corte Internacional de Arbitragem da Câmara do Comércio Internacional (CCI), a Câmara de Mediação e Arbitragem da Associação Comercial do Paraná (Arbitac) e a Câmara de Arbitragem Empresarial – Brasil (Camarb).

A câmara funciona como uma secretaria de Vara Cível do Poder Judiciário, ou seja, vai administrar as arbitragens, realizando atos de notificação, juntada de documentos no procedimento arbitral, disponibilização de sede para a realização de audiências etc. A vantagem de optar pela arbitragem institucional é que as câmaras mantêm seus próprios regulamentos, com regras específicas sobre o rito do procedimento arbitral, o que facilita o trabalho dos árbitros, das partes e de seus advogados.

As partes podem eleger um árbitro *ad hoc*, que, além de decidir a causa, conduzirá a arbitragem. Em outras palavras, será árbitro e administrará o procedimento, exercendo o papel de julgador e de secretário. Essa forma pode reduzir os custos da arbitragem, mas também pode ser mais trabalhosa.

Além dos princípios já mencionados, é inerente à arbitragem o princípio da competência-competência, contemplado no art. 8º da LA (Brasil, 1996), segundo o qual cabe ao árbitro, em primeiro lugar, analisar sua própria competência, "ou seja, apreciar, por primeiro, a viabilidade de ser por ele julgado o conflito, pela inexistência de vício na convenção ou no contrato" (Cahali, 2020, p. 145). Eis a redação do referido artigo: "Caberá ao árbitro decidir de ofício, ou por provocação das partes, as questões acerca da existência, validade e eficácia da convenção de arbitragem e do contrato que contenha a cláusula compromissória" (Brasil, 1996).

Neste livro, tais princípios e características serão analisados especificamente na arbitragem com o Poder Público. Alguns devem ser ainda mais reforçados; outros devem ser reinterpretados, dadas as peculiaridades das regras que regem a Administração Pública.

1.2 Conceito de Administração Pública

É importante lembrarmos alguns conceitos básicos de direito administrativo para definirmos exatamente quando a parte envolvida na arbitragem se enquadra no conceito de Administração Pública.

Afinal, quais entes se incluem no conceito de Administração Pública ou Poder Público na participação do processo arbitral?

O Decreto-Lei n. 200, de 25 de fevereiro de 1967, estabelece que compreendem a Administração federal: (1) a **Administração direta**, que engloba os serviços integrados pela estrutura administrativa da Presidência da República e dos Ministérios; (2) a **Administração indireta**, que abrange autarquias, empresas públicas, sociedades de economia mista e fundações públicas (Brasil, 1967b, art. 4º, incisos I e II).

O mencionado decreto-lei é parâmetro para a definição do sentido de Administração Pública. Como ensina Maria Sylvia

Zanella Di Pietro (2022, p. 102) a administração direta do Estado é composta pelos "órgãos integrantes das pessoas jurídicas políticas (União, Estados, Municípios e Distrito Federal), aos quais a lei confere o exercício de funções administrativas". No entanto, "às vezes, a lei opta pela execução indireta da atividade administrativa, transferindo-a a pessoas jurídicas com personalidade de direito público ou privado, que compõem a chamada Administração Indireta do Estado" (Di Pietro, 2022, p. 102).

O art. 41 do Código Civil – Lei n. 10.406, de 10 de janeiro de 2002 – elenca as pessoas jurídicas de direito público interno: União, Estados, Distrito Federal e Territórios, Municípios, autarquias, inclusive associações públicas e demais entidades de caráter público criadas por lei (Brasil, 2002).

O conceito de autarquias abarca as agências cuja natureza é de autarquias especiais, tanto agências executivas, que detêm a atribuição de exercer atividades administrativas, quanto as reguladoras (Cunha, 2021). De acordo com Cuèllar (2008, p. 76), as agências reguladoras são dotadas de características peculiares e independência do poder central.

Em outra oportunidade, já apresentamos a definição das agências reguladoras:

> Pode-se dizer, então, que as agências reguladoras cumprem, de forma independente do poder central, função estatal de regular os serviços públicos ou atividades privadas, prestados pelo próprio Estado, por concessionárias, permissionárias, autorizadas, o terceiro setor ou empresas privadas, com o escopo de equilibrar economicamente os diversos feixes de interesses existentes na sociedade: interesse público, interesse privado, dos consumidores e do mercado. (Leitão, 2020, p. 66-67)

Portanto, quando tratamos da arbitragem no setor público, podemos considerar todos os entes que integram a Administração Pública **direta** e **indireta**. No Quadro 1.1, listamos alguns exemplos.

Quadro 1.1 – Entes da Administração Pública direta e indireta

Administração Pública	Ente	Exemplo
Direta	União	União Federal
Direta	Estados	Estado de São Paulo
Direta	Distrito Federal	Distrito Federal
Direta	Municípios	Município do Rio de Janeiro
Indireta, com personalidade de direito público	Autarquia (federal, estadual ou municipal) Autarquia especial Associação pública	Instituto Nacional da Seguridade Social (INSS) Agência Nacional de Energia Elétrica (Aneel) Consórcio Paraná Saúde
Indireta, com personalidade de direito público	Fundação pública	Instituto Brasileiro de Geografia e Estatística (IBGE)
Indireta, com personalidade de direito privado	Empresa pública	Empresa Brasileira de Correios e Telégrafos (ECT)
Indireta, com personalidade de direito privado	Sociedade de economia mista	Petróleo Brasileiro S.A. (Petrobras)

Na arbitragem, a participação dos entes da Administração Pública não lhes confere prerrogativas, mas há peculiaridades que implicam adaptações, tanto antes quanto durante e posteriormente ao procedimento arbitral, o que ainda veremos neste livro.

> **IMPORTANTE!**
>
> Nos processos judiciais, quando o Poder Público está em juízo – a Fazenda Pública –, ele detém algumas prerrogativas. Por exemplo, a Fazenda Pública tem prazo em dobro para manifestações nos processos judiciais, conforme o art. 183 do Código de Processo Civil – Lei n. 13.105, de 16 de março de 2015 (Brasil, 2015a); aos seus processos em geral é aplicada a remessa necessária, conforme o art. 496 do CPC; a execução de título extrajudicial e o cumprimento de sentença contra a Fazenda Pública são distintos em relação aos casos em que o particular é devedor. Isso porque os bens públicos são impenhoráveis e, a esses casos, é aplicado o regime estabelecido no art. 100 da Constituição Federal de 1988 (Brasil, 1988).

Todavia, note que, para efeitos dos processos civis, compreendem o conceito de Fazenda Pública as pessoas jurídicas que integram a Administração direta e as pessoas jurídicas de direito **público** que compõem a Administração indireta, ou seja, as autarquias e as fundações públicas. Já as empresas públicas e as sociedades de economia mista integram a Administração Pública, mas, por terem personalidade jurídica de direito privado, não têm as prerrogativas da Fazenda Pública em juízo.

Para concluirmos este tópico, lembremos que, quando tratamos da arbitragem no setor público, estamos nos referindo à participação da Administração Pública direta e indireta, tendo personalidade de direito público ou privado.

1.3 Histórico e evolução legislativa da arbitragem com a Administração Pública

Inicialmente, é interessante anotarmos que todas as Constituições brasileiras previram a arbitragem, interna ou internacional, a saber (grifos nossos):

Quadro 1.2 – Arbitragem nas Constituições brasileiras

ANO	Trecho do documento
Constituição de 1824	"Art. 160. Nas civeis, e nas penaes civilmente intentadas, poderão as Partes nomear **Juizes Arbitros**. Suas Sentenças serão executadas sem recurso, se assim o convencionarem as mesmas Partes" (Brasil, 1824).
Constituição de 1891	"Art. 34. Compete privativamente ao Congresso Nacional: [...] 11. autorizar o Governo a declarar guerra, si não tiver logar ou mallograr-se o recurso do **arbitramento**, e a fazer a paz" (Brasil, 1981).
Constituição de 1934	"Art. 4.O Brasil só declarará guerra se não couber ou malograr-se o recurso do **arbitramento**; e não se empenhará jamais em guerra de conquista, direta ou indiretamente, por si ou em aliança com outra nação. Art. 5. Compete privativamente à União: [...] XIX–legislar sobre: [...] c) normas fundamentais do direito rural, do regime penitenciário, da **arbitragem comercial**, da assistência social, da assistência judiciária e das estatísticas de interesse coletivo. [...] § 3º. A competência federal para legislar sobre as matérias dos números XIV e XIX, letras c e i, in fine, e sobre registros públicos, desapropriações, **arbitragem comercial**, juntas comerciais e respectivos processos; requisições civis e militares, radiocomunicação, emigração, imigração e caixas econômicas; riquezas do subsolo, mineração, metalurgia, águas, energia hidrelétrica, florestas, caça e pesca, e a sua exploração não exclui a legislação estadual supletiva ou complementar sobre as mesmas matérias. As leis estaduais, nestes casos, poderão, atendendo às peculiaridades locais, suprir as lacunas ou deficiências da legislação federal, sem dispensar as exigências desta" (Brasil, 1934).

(continua)

(Quadro 1.2 – conclusão)

ANO	Trecho do documento
Constituição de 1937	"Art. 18. Independentemente de autorização, os Estados podem legislar, no caso de haver lei federal sobre a matéria, para suprir-lhes as deficiências ou atender às peculiaridades locais, desde que não dispensem ou diminuam es exigências da lei federal, ou, em não havendo lei federal e até que esta regule, sobre os seguintes assuntos: [...] d) organizações públicas, com o fim de conciliação extrajudiciária dos litígios ou sua **decisão arbitral**. [...] Art. 184. [...] § 1º Ficam extintas, ainda que em andamento ou pendentes de sentença no Supremo Tribunal Federal ou em **Juízo Arbitral**, as questões de limites entre Estados" (Brasil, 1937).
Constituição de 1946	"Art. 4º. O Brasil só recorrerá à guerra, se não couber ou se malograr o recurso ao **arbitramento** ou aos meios pacíficos de solução do conflito, regulados por órgão internacional de segurança, de que participe; e em caso nenhum se empenhará em guerra de conquista, direta ou indiretamente, por si ou em aliança com outro Estado" (Brasil, 1946).
Constituição de 1967	"Art. 7º. Os conflitos internacionais deverão ser resolvidos por negociações diretas, **arbitragem** e outros meios pacíficos, com a cooperação dos organismos internacionais de que o Brasil participe" (Brasil, 1967).
Constituição de 1988	"Art. 114 [...] IX [...] § 1º. Frustrada a negociação coletiva, as partes poderão eleger **árbitros**" (Brasil, 1988).

Como já apontamos, o processo arbitral é disciplinado pela Lei n. 9.397/1996, alterada pela Lei n. 13.129, de 26 de maio de 2015, para contemplar expressamente a permissão para a Administração Pública submeter à arbitragem seus litígios relativos a direitos patrimoniais disponíveis (Brasil, 2015b).

Mesmo antes dessas leis, já havia outras normas pontuais dispondo sobre a arbitragem no setor público e também farta jurisprudência favorável. Como afirmam os arbitralistas, o Superior Tribunal de Justiça (STJ), que julgou vários casos emblemáticos, tem sido, há muito tempo, *arbitration friendly*.

Em tempo anterior às normas pontuais (que serão mencionadas adiante), apesar de não haver permissão expressa à arbitragem com a Administração Pública no Brasil, também não existia proibição; entendia-se que pessoas capazes de contratar poderiam resolver pendências mediante compromisso (Sundfeld; Rosilho, 2017).

Há registros históricos da arbitragem com o Poder Público desde os tempos do Império.

As Ordenações Filipinas, que vigoraram no Brasil até 1916, previam a resolução de conflitos patrimoniais por meio da arbitragem (Brasil, 1870, Livro III, Título XVI.).

No Código Comercial (Lei n. 556, de 25 de junho de 1850), havia previsão da arbitragem nos seguintes dispositivos da redação original, revogados pela Lei n. 10.406/2002, o novo Código Civil:

> Art. 245. Todas as questões que resultarem de contratos de locação mercantil serão decididas em juízo arbitral.
>
> [...]
>
> Art. 294. Todas as questões sociais que se suscitarem entre sócios durante a existência da sociedade ou companhia, sua liquidação ou partilha, serão decididas em juízo arbitral. (Brasil, 1850)

O Código Comercial também dispunha, em sua redação original, ao final do documento, da parte denominada *Título Único – Da Administração da Justiça nos Negócios e Causas Comerciais*, em cuja Seção III – Do Juízo Comercial previa: "Art. 20. Serão necessariamente decididas por árbitros as questões e controvérsias a que o Código Comercial dá esta forma de decisão" (Brasil, 1850). Esse dispositivo foi revogado pelo Decreto n. 3.900, de 26 de junho de 1867 (Brasil, 1867).

Pela leitura dos referidos dispositivos legais revogados, percebemos que havia obrigatoriedade da resolução daqueles tipos de litígio por meio de arbitragem. Portanto, como vimos, o

Estado brasileiro já submete à arbitragem os litígios decorrentes de contratos de concessão mesmo antes de proclamada a República, em 1889.

Em contratos de concessão de obras públicas e serviços, como portuário, estradas de ferro e serviços urbanos, há notícia da existência de cláusulas compromissórias desde 1850 (Lemes, 2007, p. 65).

Por exemplo, o Decreto n. 4.797, de 4 de outubro de 1871, continha a seguinte norma:

> 16ª
>
> As duvidas que suscitarem-se entre o Governo e os emprezarios, com excepção do preço da indemnização a que se refere a clausula 12ª, serão resolvidas por arbitros.
>
> Se as partes contrastantes não accordarem n'um mesmo arbitro, cada uma nomeará o seu, e estes começarão os seus trabalhos por designar um terceiro, cujo voto será definitivo.
>
> Se não houver accôrdo sobre o terceiro, cada arbitro escolherá um Conselheiro de Estado, e entre estes decidirá a sorte. (Brasil, 1871)

Também o Decreto n. 7.959, de 29 de dezembro de 1880, previa expressamente a arbitragem como solução de conflitos decorrentes de desacordo entre o governo e as companhias nos contratos de concessão de estradas de ferro (Brasil, 1880), bem como o Decreto n. 684, de 23 de agosto de 1890, que dispunha, na cláusula XXIII:

> Em caso de desaccordo entre o Governo e a companhia sobre a intelligencia das presentes clausulas, esta será decidida por arbitros nomeados, um pelo Governo e outro pela companhia. Servirá de arbitro desempatador o que

for escolhido á sorte em lista triplice apresentada pelo Governo e pela companhia. (Brasil, 1890)

Selma Lemes (2007) elenca alguns contratos celebrados entre o Governo imperial e as províncias com previsão de solução arbitral no século XVIII:

» Contrato de concessão do Governo imperial para exploração da navegação a vapor nos rios Mogy-Guassu, Pardo e Rio Grande, pela companhia Paulista de Vias Férreas e Fluviais;
» Contrato de concessão pelo prazo de 90 anos entre a Província de São Paulo e a Companhia Paulista de Estrada de Ferro de Jundiaí a Campinas, para custeio e exploração da estrada de ferro de Jundiaí a Campinas;
» Contrato de concessão entre a Província de São Paulo e a Companhia Paulista para a construção de um ramal da Estrada de Ferro de Porto Ferreira a Descalvado.

Selma Lemes (2007) também cita algumas arbitragens ocorridas em decorrência desses contratos de concessão, como é o caso do contrato pactuado para a construção da estrada de ferro Santos-Jundiaí.

O Código Civil de 1916 – Lei n. 3.071, de 1º de janeiro de 1916 – previa o compromisso arbitral, mas não havia referência expressa à Administração Pública. O art. 1.037 desse Código Civil ditava: "As pessoas capazes de contratar poderão, em qualquer tempo, louvar-se, mediante compromisso escrito, em árbitros, que lhes resolvam as pendências judiciais, ou extrajudiciais" (Brasil, 1916). Todavia, o art. 1.045 do mesmo código estabelecia que, para ser executada, a sentença arbitral necessitava de homologação (Brasil, 1916).

Diogo de Figueiredo Moreira Neto (1997, p. 87) lembra que "a Lei nº 1.518, de 24 de dezembro de 1951, e o Decreto-Lei nº 1.312, de 15 de dezembro de 1974 autorizam o Tesouro Nacional a firmar contratos internacionais pela via arbitral", razão por que, internamente, sendo os direitos disponíveis, nada obsta que o Estado e demais pessoas administrativas pactuem arbitragem para dirimir seus conflitos patrimoniais.

No famoso Caso Lage, que explicaremos na Seção 1.4, o Supremo Tribunal Federal (STF) entendeu pela viabilidade da arbitragem em litígio do qual era parte a União Federal (Brasil, 1974b).

A partir daí, assentou-se que, como as pessoas capazes de contratar podem submeter seus litígios à arbitragem e levando-se em consideração que a Administração Pública tem capacidade para firmar contratos, "também poderão se valer de arbitragem em litígios relativos ao que foi contratado" (Sundfeld; Rosilho, 2017, p. 1076).

Após a Primeira Guerra Mundial, o Estado tornou-se mais centralizador, o que minou as concessões no país: serviços públicos eram executados pelos próprios entes estatais. Com isso, as soluções arbitrais também foram reduzidas no setor público.

Como já destacamos, o Código Civil de 1916 (Brasil, 1916) determinava que a sentença arbitral seria homologada para viabilizar a execução, o que, juntamente à necessidade de compromisso arbitral para ratificar as cláusulas compromissórias (arts. 1.037 a 1.048), foi um forte obstáculo às arbitragens em geral.

Nas palavras de Rafael Munhoz de Mello (2015, p. 49), "a arbitragem permaneceu adormecida no Brasil por várias décadas, consequência do tratamento legislativo inadequado que lhe fora conferido pelo Código Civil de 1916 e, posteriormente, pelo Código de Processo Civil de 1973".

Além disso, houve muita resistência à arbitragem no setor público, principalmente sob o argumento de que o interesse público é indisponível. Conforme esclarecem Sundfeld e Rosilho (2017, p. 1.077):

> A afirmação desse princípio serve apenas para descrever ideia comum a todo o sistema normativo que compõe o Direito Administrativo, refletindo característica sua: a de que autoridades não agem por vontade própria, como se dispusessem livremente dos interesses que guardam. Ele apenas reforça a noção de que o administrador deve obediência à lei, na medida em que atua na gestão de interesses cujo titular (a coletividade) se expressa mediante decisões do Legislativo. Não há como sacar dessa diretriz uma proibição geral à arbitragem de litígios estatais.

IMPORTANTE!

O que restabeleceu a arbitragem nas causas da Administração Pública foi o reaparecimento das concessões com a reforma do Estado ocorrida em 1995, "que implantou o modelo de Administração Pública gerencial (mais flexível e eficiente)" (Flausino, 2015, p. 20) e a descentralização dos serviços públicos. O modelo gerencial da Administração Pública adveio do aparecimento do Estado social em substituição ao Estado liberal. No Estado social, cabe ao Poder Público fornecer um rol mais amplo de serviços aos cidadãos do que no modelo de Estado liberal. Diante do incremento dos direitos sociais (saúde, educação, transporte), foi

> necessário que o Estado se aprimorasse, todavia, não havia recursos financeiros suficientes para isso, levando à aproximação com a iniciativa privada, que detinha capital financeiro e interesse em explorar essas áreas (Flausino, 2015). Os marcos legais foram as Leis n. 8.987, de 13 de fevereiro de 1995, sobre a concessão de serviços públicos (Brasil, 1995) e a Lei n. 11.079, de 30 de dezembro de 2004, sobre a parceria público-privada (Brasil, 2004b).

Com o incremento das concessões de serviços públicos, o Estado passou a delegar a execução do serviço público em determinadas áreas, como as de infraestrutura. Alguns serviços continuaram de titularidade e execução do Estado, como segurança pública e jurisdição estatal, mas outros, como construção e exploração de rodovias, energia elétrica, telecomunicações, gás canalizado e petróleo, passaram a ser de execução de pessoas jurídicas privadas. Isso atraiu investimentos estrangeiros e, consequentemente, incluiu critérios contemporâneos nas relações estabelecidas entre a Administração Pública e o setor privado.

Nesse contexto, a arbitragem entrou em cena para resguardar que eventuais litígios provenientes dos contratos administrativos não fossem levados ao Poder Judiciário, dada sua estrutura burocrática e morosa, afastando o interesse de companhias privadas no setor.

Na análise dos custos de transação, houve certa exigência de que conflitos oriundos dos contratos administrativos decorrentes das concessões reguladas pelas Leis n. 8.987/1995 e n. 11.079/2004 pudessem ser dirimidos por meio da arbitragem.

Paralelamente, o advento da Lei n. 9.307/1996, Lei de Arbitragem* (Brasil, 1996) promoveu o renascimento da arbitragem, o que foi cristalizado quando o Supremo Tribunal Federal (STF) reconheceu a constitucionalidade da lei (Mello, 2015).

Assim, os dois fatores – descentralização da Administração Pública federal e advento da LA – contribuíram conjuntamente para o ressurgimento da arbitragem no Brasil nos setores público e privado.

Elucidativas as palavras de Rafael Munhoz de Mello (2015, p. 51) a respeito do referido momento histórico:

> Foi nesse contexto que a arbitragem foi inserida – ou reinserida – no direito administrativo brasileiro. Se o objetivo era buscar investimentos privados para a combalida infraestrutura nacional, não há dúvida que seria um atrativo oferecer aos particulares uma alternativa mais célere que o Poder Judiciário para a solução das controvérsias que porventura surgissem na execução dos contratos celebrados com o Poder Público.

Com isso, o próprio legislador passou a permitir expressamente o meio privado de resolução de disputas, como é o caso das seguintes normas contidas nas leis descritas no Quadro 1.3, a seguir.

---

* A Lei de Arbitragem brasileira foi fruto da Operação Arbiter, movimento de iniciativa do Instituto Liberal de Pernambuco e que teve por escopo a elaboração de um anteprojeto de lei sobre a arbitragem (Carmona, 2004).

Quadro 1.3 – Legislação brasileira anterior a 2015, com previsão de cláusulas arbitrais em contratos administrativos

Lei	Redação
Lei n. 9.472, de 16 de julho de 1997: dispõe sobre serviços de telecomunicações e a criação da Anatel	"Art. 93. O contrato de concessão indicará: [...] XV – o foro e o modo para solução extrajudicial das divergências contratuais". (Brasil, 1997a)
Lei n. 9.478, de 6 de agosto de 1997: dispõe sobre a política energética e ANP	"Art. 43. O contrato de concessão deverá refletir fielmente as condições do edital e da proposta vencedora e terá como cláusulas essenciais: [...] X – as regras sobre solução de controvérsias, relacionadas com o contrato e sua execução, inclusive a conciliação e a arbitragem internacional". (Brasil, 1997b)
Lei n. 10.233, de 5 de junho de 2001: dispõe sobre transportes aquaviário e terrestre, ANTT e Antaq	"Art. 35. O contrato de concessão deverá refletir fielmente as condições do edital e da proposta vencedora e terá como cláusulas essenciais, ressalvado o disposto em legislação específica, as relativas a: [...] XVI – regras sobre solução de controvérsias relacionadas com o contrato e sua execução, inclusive a conciliação e a arbitragem". (Brasil, 2001)
Lei n. 10.848, de 15 de março de 2004: dispõe sobre a comercialização de energia elétrica e a Aneel	"Art. 4º. Fica autorizada a criação da Câmara de Comercialização de Energia Elétrica – CCEE, pessoa jurídica de direito privado, sem fins lucrativos, sob autorização do Poder Concedente e regulação e fiscalização pela Agência Nacional de Energia Elétrica – ANEEL, com a finalidade de viabilizar a comercialização de energia elétrica de que trata esta Lei. [...] § 5º As regras para a resolução das eventuais divergências entre os agentes integrantes da CCEE serão estabelecidas na convenção de comercialização e em seu estatuto social, que deverão tratar do mecanismo e da convenção de arbitragem, nos termos da Lei nº 9.307, de 23 de setembro de 1996.§ 6º As empresas públicas e as sociedades de economia mista, suas subsidiárias ou controladas, titulares de concessão, permissão e autorização, ficam autorizadas a integrar a CCEE e a aderir ao mecanismo e à convenção de arbitragem previstos no § 5º deste artigo. § 7º Consideram-se disponíveis os direitos relativos a créditos e débitos decorrentes das operações realizadas no âmbito da CCEE". (Brasil, 2004a)

(continua)

(Quadro 1.3 – continuação)

Lei	Redação
Lei n. 11.079/2004: dispõe sobre as parcerias público-privadas	"Art. 11. O instrumento convocatório conterá minuta do contrato, indicará expressamente a submissão da licitação às normas desta Lei e observará, no que couber, os §§ 3º e 4º do art. 15, os arts. 18, 19 e 21 da Lei nº 8.987, de 13 de fevereiro de 1995, podendo ainda prever: [...] III – o emprego dos mecanismos privados de resolução de disputas, inclusive a arbitragem, a ser realizada no Brasil e em língua portuguesa, nos termos da Lei nº 9.307, de 23 de setembro de 1996, para dirimir conflitos decorrentes ou relacionados ao contrato" (Brasil, 2004b).
Lei n. 11.196, de 21 de novembro de 2005: alterou a Lei n. 8.987/1995	"Art. 23-A. O contrato de concessão poderá prever o emprego de mecanismos privados para resolução de disputas decorrentes ou relacionadas ao contrato, inclusive a arbitragem, a ser realizada no Brasil e em língua portuguesa, nos termos da Lei no 9.307, de 23 de setembro de 1996" (Brasil, 2005).
Lei n. 11.442, de 5 de janeiro de 2007: dispõe sobre transportes rodoviários de cargas	"Art. 19. É facultado aos contratantes dirimir seus conflitos recorrendo à arbitragem" (Brasil, 2007).
Lei n. 11.909, de 4 de março de 2009: dispõe sobre o transporte de gás natural (foi revogada pela Lei n. 14.134/2021)	"Art. 21. O contrato de concessão deverá refletir fielmente as condições do edital e da proposta vencedora e terá como cláusulas essenciais: [...] XI – as regras sobre solução de controvérsias relacionadas com o contrato e sua execução, inclusive a conciliação e a arbitragem; [...] Art. 24. A concessionária deverá: [...] III – submeter à aprovação da ANP a minuta de contrato padrão a ser celebrado com os carregadores, que deverá conter cláusula para resolução de eventuais divergências, podendo prever a convenção de arbitragem, nos termos da Lei n. 9.307, de 23 de setembro de 1996; [...] Art. 48. Os contratos de comercialização de gás natural deverão conter cláusula para resolução de eventuais divergências, podendo, inclusive, prever a convenção de arbitragem, nos termos da Lei no 9.307, de 23 de setembro de 1996. Art. 49. As empresas públicas e as sociedades de economia mista, suas subsidiárias ou controladas, titulares de concessão ou autorização ficam autorizadas a aderir ao mecanismo e à convenção de arbitragem a que se refere o art. 48 desta Lei". (Brasil, 2009)

(Quadro 1.3 – conclusão)

Lei	Redação
Lei n. 12.462, de 4 de agosto de 2011: cria o Regime Diferenciado de Contratações Pública – RDC	"Art. 44-A. Nos contratos regidos por esta Lei, poderá ser admitido o emprego dos mecanismos privados de resolução de disputas, inclusive a arbitragem, a ser realizada no Brasil e em língua portuguesa, nos termos da Lei nº 9.307, de 23 de setembro de 1996, e a mediação, para dirimir conflitos decorrentes da sua execução ou a ela relacionados". (Brasil, 2011a)
Lei n. 12.815, de 5 de junho de 2013: dispõe sobre a exploração direta e indireta pela União de portos e instalações portuárias e sobre as atividades desempenhadas pelos operadores portuários, conhecida como Lei dos Portos	"Art. 62. O inadimplemento, pelas concessionárias, arrendatárias, autorizatárias e operadoras portuárias no recolhimento de tarifas portuárias e outras obrigações financeiras perante a administração do porto e a Antaq, assim declarado em decisão final, impossibilita a inadimplente de celebrar ou prorrogar contratos de concessão e arrendamento, bem como obter novas autorizações.§ 1º Para dirimir litígios relativos aos débitos a que se refere o caput, poderá ser utilizada a arbitragem, nos termos da Lei nº 9.307, de 23 de setembro de 1996" (Brasil, 2013).
Lei Estadual de Minas Gerais n. 19.477, de 12 de janeiro de 2011: adota o juízo arbitral	"Art. 2º Estado e os órgãos e as entidades das administrações estaduais direta e indireta poderão optar pela adoção do juízo arbitral para a solução dos conflitos relativos a direito patrimonial disponível" (Minas Gerais, 2011).

Mesmo com as previsões contidas nas leis citadas no Quadro 1.3, parte da comunidade jurídica continuava resistindo à arbitragem no setor público até 2015. Alguns rechaçavam totalmente a arbitrabilidade subjetiva, outros entendiam que deveria haver autorização legal expressa específica e outros, ainda, se posicionavam mais abertamente, à arbitragem com a Administração Pública.

A posição favorável à arbitragem com o Poder Público se baseava no fato de que tudo o que é contratado é, por consequência, arbitrável, de modo que a Lei de Arbitragem já seria suficiente, em sua redação original, para que o Poder Público pudesse submeter conflitos de direitos patrimoniais disponíveis ao processo arbitral. Vamos conferir o teor do art. 1º da LA:

"As pessoas capazes de contratar poderão valer-se da arbitragem para dirimir litígios relativos a direitos patrimoniais disponíveis" (Brasil, 1996).

Ora, se o Estado é capaz de pactuar contratos administrativos para a concessão de serviços públicos, divergências de interpretação e aplicação das cláusulas contratuais naturalmente podem ser levadas à arbitragem, sendo desnecessária a previsão legal expressa para autorizar a Administração Pública.

Todavia, a Lei n. 13.129/2015 afastou qualquer dúvida com relação à questão ao incluir alguns dispositivos novos na LA, permitindo expressamente que a Administração Pública utilize a arbitragem, a saber:

> Art. 1º [...]
>
> § 1º A Administração Pública direta e indireta poderá utilizar-se da arbitragem para dirimir conflitos relativos a direitos patrimoniais disponíveis.
>
> § 2º A autoridade ou o órgão competente da Administração Pública direta para a celebração de convenção de arbitragem é a mesma para a realização de acordos ou transações. (Brasil, 2015b)

Após a alteração da LA, outras legislações incluíram a arbitragem como forma de resolução de conflitos:

Quadro 1.4 – Legislação brasileira posterior a 2015, com previsão de cláusulas arbitrais pactuadas pela Administração Pública

Lei	Redação
Lei n. 13.303, de 30 de junho de 2016 Dispõe sobre o estatuto jurídico da empresa pública, da sociedade de economia mista e de suas subsidiárias, no âmbito da União, dos Estados, do Distrito Federal e dos Municípios.	"Art. 12. [...] Parágrafo único. A sociedade de economia mista poderá solucionar, mediante arbitragem, as divergências entre acionistas e a sociedade, ou entre acionistas controladores e acionistas minoritários, nos termos previstos em seu estatuto social" (Brasil, 2016a).
Lei n. 13.448, de 5 de junho de 2017 Estabelece diretrizes gerais para prorrogação e relicitação dos contratos de parceria definidos nos termos da Lei n. 13.334, de 13 de setembro de 2016, nos setores rodoviário, ferroviário e aeroportuário da Administração Pública federal, e altera a Lei n. 10.233, de 5 de junho de 2001, e a Lei n. 8.987, de 13 de fevereiro de 1995	"Art. 15. A relicitação do contrato de parceria será condicionada à celebração de termo aditivo com o atual contratado, do qual constarão, entre outros elementos julgados pertinentes pelo órgão ou pela entidade competente: [...] III – o compromisso arbitral entre as partes com previsão de submissão, à arbitragem ou a outro mecanismo privado de resolução de conflitos admitido na legislação aplicável, das questões que envolvam o cálculo das indenizações pelo órgão ou pela entidade competente, relativamente aos procedimentos estabelecidos por esta Lei" (Brasil, 2017a).
Lei n. 13.867, de 26 de agosto de 2019 Altera o Decreto-Lei nº 3.365/1941, que dispõe sobre desapropriações por utilidade pública	"Art. 10-B. Feita a opção pela mediação ou pela via arbitral, o particular indicará um dos órgãos ou instituições especializados em mediação ou arbitragem previamente cadastrados pelo órgão responsável pela desapropriação. [...] § 4º A arbitragem seguirá as normas da Lei nº 9.307, de 23 de setembro de 1996, e, subsidiariamente, os regulamentos do órgão ou instituição responsável" (Brasil, 2019b).

(continua)

(Quadro 1.4 – conclusão)

Lei	Redação
Lei n. 14.133, de 1 de abril de 2021 Nova Lei de Licitações e Contratos Administrativos (NLLCA)	"Art. 151. Nas contratações regidas por esta Lei, poderão ser utilizados meios alternativos de prevenção e resolução de controvérsias, notadamente a conciliação, a mediação, o comitê de resolução de disputas e a arbitragem. Parágrafo único. Será aplicado o disposto no caput deste artigo às controvérsias relacionadas a direitos patrimoniais disponíveis, como as questões relacionadas ao restabelecimento do equilíbrio econômico-financeiro do contrato, ao inadimplemento de obrigações contratuais por quaisquer das partes e ao cálculo de indenizações. Art. 152. A arbitragem será sempre de direito e observará o princípio da publicidade. Art. 153. Os contratos poderão ser aditados para permitir a adoção dos meios alternativos de resolução de controvérsias. Art. 154. O processo de escolha dos árbitros, dos colegiados arbitrais e dos comitês de resolução de disputas observará critérios isonômicos, técnicos e transparentes" (Brasil, 2021a).
Lei n. 14.134, de 8 de abril de 2021 Dispõe sobre as atividades relativas ao transporte de gás natural	"Art. 31. [...] § 5º Os contratos de comercialização de gás natural deverão conter cláusula para resolução de eventuais divergências, podendo, inclusive, prever a convenção de arbitragem, nos termos da Lei nº 9.307, de 23 de setembro de 1996" (Brasil, 2021b).

Além das legislações constantes nos Quadros 1.3 e 1.4, alguns decretos foram criados para regulamentar as arbitragens com o Poder Público nos âmbitos federal e estadual, bem como uma portaria da Advocacia-Geral da União (AGU), conforme podemos conferir no próximo quadro.

Quadro 1.5 – Instrumentos normativos que dispõem sobre a arbitragem com a Administração Pública

Instrumento normativo	Conteúdo
Decreto Estadual n. 46.245, de 19 de fevereiro de 2018 – RJ	Regulamenta a adoção da arbitragem para dirimir os conflitos que envolvam o Estado do Rio de Janeiro ou suas entidades.
Decreto Estadual n. 64.356, de 31 de julho de 2019 – SP	Dispõe sobre o uso da arbitragem para resolução de conflitos em que a Administração Pública direta e suas autarquias sejam parte.
Decreto Federal n. 10.025, de 20 de setembro de 2019	Dispõe sobre a arbitragem para dirimir litígios que envolvam a Administração Pública federal nos setores portuário e de transporte rodoviário, ferroviário, aquaviário e aeroportuário.
Decreto Estadual n. 55.996, de 14 de julho de 2021 – RS	Dispõe sobre a utilização da arbitragem no âmbito da Administração Pública Direta e Indireta do Estado do Rio Grande do Sul.
Portaria AGU n. 42, de 7 de março de 2022	Estabelece critérios para a escolha de árbitros pela União em processos arbitrais de que seja parte.

Portanto, há um arcabouço legislativo e normativo que contempla e permite a arbitragem com a Administração Pública direta e indireta no Brasil.

1.4 Jurisprudência nacional: casos marcantes

Como dissemos anteriormente, o Superior Tribunal de Justiça tem sido *arbitration friendly*, já que, mesmo antes da LA ter sido modificada para contemplar expressamente a possibilidade de o Poder Público submeter-se à arbitragem, apreciou casos paradigmáticos em que julgou com base no princípio da competência-competência.

Destacamos alguns desses julgados emblemáticos, sempre citados pela doutrina e pela jurisprudência, os quais analisaremos a seguir.

a. **Caso Lage** (Brasil, 1974b)

Neste marcante julgado de 1973, o Supremo Tribunal Federal julgou pelo cabimento da arbitragem com o Poder Público no Brasil.

O caso teve a União Federal como parte e envolveu a discussão sobre a constitucionalidade do Decreto-Lei n. 9.521, de 26 de julho de 1946, que instituiu o juízo arbitral para julgar impugnações oferecidas pelo Espólio de Henrique Lage em virtude da incorporação ao patrimônio nacional de bens e direitos das empresas da Organização Lage e do Espólio de Henrique Lage, bem como da liquidação dos débitos das empresas da Organização Lage (Brasil, 1946b).

Após a constituição do tribunal arbitral, o caso foi decidido em cerca de 18 meses e foi orçado o valor da indenização devida pela União. Diante da ausência do pagamento, os espólios de Henrique Lage e de Ranaud Lage propuseram, no ano de 1955, ações judiciais visando à condenação da União perante o Poder Judiciário. Os processos foram reunidos, e os pedidos foram julgados procedentes. Depois de recursos tramitarem em segunda instância, o processo chegou ao Supremo Tribunal Federal pela via de recursos extraordinários e de agravo de instrumento interposto pela União em razão da inadmissão de seu recurso extraordinário, pelo presidente do Tribunal Federal de Recursos. Entre outras questões, o STF apreciou a alegação da União de que o Decreto-Lei n. 9.521/1946, que instituiu o juízo arbitral, seria inconstitucional.

Ao final, o STF afastou a inconstitucionalidade e a ilegalidade do Decreto-Lei, conforme a ementa do Agravo de Instrumento n. 52.181/GB:

> INCORPORAÇÃO, BENS E DIREITOS DAS EMPRESAS ORGANIZAÇÃO LAGE E DO ESPOLIO DE HENRIQUE LAGE. JUÍZO ARBITRAL. CLÁUSULA DE IRRECORRIBILIDADE. JUROS DA MORA. CORREÇÃO MONETÁRIA. 1. **LEGALIDADE DO JUÍZO ARBITRAL, QUE O NOSSO DIREITO SEMPRE ADMITIU E CONSGROU, ATÉ MESMO NAS CAUSAS CONTRA A FAZENDA.** PRECEDENTE DO SUPREMO TRIBUNAL FEDERAL. 2. LEGITIMIDADE DA CLÁUSULA DE IRRECORRIBILIDADE DE SENTENÇA ARBITRAL, QUE NÃO OFENDE A NORMA CONSTITUCIONAL. 3. JUROS DE MORA CONCEDIDOS, PELO ACÓRDÃO AGRAVADO, NA FORMA DA LEI, OU SEJA, A PARTIR DA PROPOSITURA DA AÇÃO. RAZOÁVEL INTERPRETAÇÃO DA SITUAÇÃO DOS AUTOS E DA LEI N. 4.414, DE 1964. 4. CORREÇÃO MONETÁRIA CONCEDIDA, PELO TRIBUNAL A QUO, A PARTIR DA PUBLICAÇÃO DA LEI N. 4.686, DE 21.6.65. DECISÃO CORRETA. 5. AGRAVO DE INSTRUMENTO A QUE SE NEGOU PROVIMENTO.
> (Brasil, 1974b, grifo nosso)

O ponto-chave da decisão foi a afirmação de que, em sua relação contratual ou privada, a Fazenda Pública pode prevenir o litígio na via transacional e solucioná-lo pela via arbitral.

b. **Caso AES Uruguaiana** (Brasil, 2006b)

Muitos anos após a decisão no caso Lage, a questão sobre a possibilidade de o Poder Público se submeter à arbitragem foi levada ao Superior Tribunal de Justiça.

Em 2005, a Corte Superior reconheceu a validade de convenção arbitral firmada em contrato de compra e venda de energia elétrica pactuado entre a Companhia Estadual de Energia Elétrica – CEEE (RS) e a empresa AES Uruguaiana Ltda.

Embora se tratasse de contrato pactuado por sociedade de economia mista (CEE), integrante da Administração Pública indireta e dotada de personalidade jurídica de direito privado, o caso também representa um relevante reconhecimento da arbitrabilidade das causas envolvendo o Poder Público.

Podemos resumir o caso, no que toca à arbitrabilidade, assim: a CEE propôs ação judicial no Poder Judiciário do Rio Grande do Sul alegando descumprimento contratual por parte da AES Uruguaiana. Em sua defesa, a ré suscitou preliminar de convenção arbitral. A juíza de primeiro grau afastou a preliminar entendendo que a CEE, sociedade de economia mista prestadora de serviço público essencial, não poderia "abrir mão" da tutela jurisdicional sem autorização legislativa. Em sede de agravo de instrumento, o Tribunal de Justiça do Rio Grande do Sul confirmou a decisão de primeiro grau, entendendo que "a existência de compromisso arbitral não tem o condão de afastar a apreciação de qualquer questão pelo Poder Judiciário" (Brasil, 2006b). Contra o acórdão, a AES Uruguaiana interpôs recurso especial no STJ, que deu provimento ao recurso.

Na ementa, constam dados bastante elucidativos sobre o entendimento do STJ:

> PROCESSO CIVIL. JUÍZO ARBITRAL. CLÁUSULA COMPROMISSÓRIA. EXTINÇÃO DO PROCESSO. ART. 267, VII, DO CPC. SOCIEDADE DE ECONOMIA MISTA. DIREITOS DISPONÍVEIS. EXTINÇÃO DA AÇÃO CAUTELAR PREPARATÓRIA POR INOBSERVÂNCIA DO PRAZO LEGAL PARA A PROPOSIÇÃO DA AÇÃO PRINCIPAL.

1. Cláusula compromissória é o ato por meio do qual as partes contratantes formalizam seu desejo de submeter à arbitragem eventuais divergências ou litígios passíveis de ocorrer ao longo da execução da avença. Efetuado o ajuste, que só pode ocorrer em hipóteses envolvendo direitos disponíveis, ficam os contratantes vinculados à solução extrajudicial da pendência.

2. **A eleição da cláusula compromissória é causa de extinção do processo sem julgamento do mérito, nos termos do art. 267, inciso VII, do Código de Processo Civil.**

3. **São válidos e eficazes os contratos firmados pelas sociedades de economia mista exploradoras de atividade econômica de produção ou comercialização de bens ou de prestação de serviços (CF, art. 173, § 1º) que estipulem cláusula compromissória submetendo à arbitragem eventuais litígios decorrentes do ajuste.**

4. Recurso especial parcialmente provido. (Brasil, 2006b, grifo nosso)

Algumas passagens do acórdão são dignas de nota e extremamente atuais. O relator, Ministro João Otávio de Noronha, destacou o caráter híbrido da convenção de arbitragem e ressaltou sua força cogente ao consignar que, "a partir do instante em que, no contexto de um instrumento contratual, as partes envolvidas estipulem a cláusula compromissória, estará definitivamente imposta como obrigatória a via extrajudicial para solução dos litígios envolvendo o ajuste" (Brasil, 2006b). Assim, reconheceu o ministro, em seu voto, que o juízo arbitral não pode ser afastado unilateralmente.

Ademais, assentou que, sendo a recorrida sociedade de economia mista sujeita a regime de direito privado, é desnecessária autorização legislativa para a celebração de cláusula compromissória. E complementou o voto ao anotar que, quando os contratos versam sobre atividade econômica em sentido estrito, "isto é, serviços públicos de natureza industrial ou atividade econômica de produção ou comercialização de bens, suscetíveis de produzir renda e lucro" (Brasil, 2006b), litígios que surgirem quanto aos direitos e às obrigações deles decorrentes estão sujeitos à arbitragem. O voto do relator, que excepcionou a arbitrabilidade nas hipóteses em que a atividade desenvolvida pela sociedade de economia mista decorra do poder de império da Administração Pública, foi acompanhado pelos demais ministros, rendendo ensejo à decisão unânime.

c. **Caso Nuclep** (Brasil, 2008)

Em 1997, a Nuclebras Equipamentos Pesados S.A. (Nuclep) e o Terminal Multimodal de Coroa Grande Spe S.A. (TMC) firmaram contrato administrativo de arrendamento que teve como objeto a administração, a exploração e a operação de terminal portuário e de área retroportuária na Baía de Sepetiba, Itaguaí, Rio de Janeiro.

Em junho de 2004, a Nuclep rescindiu unilateralmente o contrato e propôs ação judicial visando à reintegração da área portuária. O processo foi extinto, já que o contrato continha cláusula compromissória. A questão deveria ser levada ao juízo arbitral.

Ocorre que a rescisão unilateral do contrato foi ratificada posteriormente pelo Ministro de Estado da Ciência e Tecnologia pela Portaria n. 782, de 7 de dezembro de 2005.

Então, o TMC impetrou, perante o STJ, o Mandado de Segurança n. 11.308, insurgindo-se contra o ato do Ministro, que desconsiderou a decisão do juiz que havia extinguido o processo (Brasil, 2008).

A liminar foi deferida pelo Ministro Luiz Fux, que reconheceu o juízo arbitral competente para julgar a causa. A União interpôs agravo regimental, suscitando que a Nuclep, sociedade de economia mista, não poderia estabelecer cláusula arbitral em contrato administrativo de arrendamento, por ofender o interesse público.

Em seu voto, o relator Luiz Fux, então Ministro do STJ, rechaçou os argumentos da União e não só prestigiou a arbitragem, como também recomendou a referida forma de resolução de conflitos envolvendo entes públicos, dada sua celeridade. O ministro destacou que (Brasil, 2008):

» o STF reconhece a legalidade do juízo arbitral em causas com o Poder Público;
» direitos disponíveis da Administração são interesses secundários, sindicáveis na via arbitral;
» o interesse público é indisponível, não o interesse da Administração;
» quando opta pela arbitragem, o Poder Público não está transigindo com o interesse público, mas sim escolhendo uma forma mais célere de solução do litígio;
» devem ser aplicados ao caso a LA e o CPC, art. 267, inciso VII;
» ao firmar convenção arbitral, "ambas as partes assumem o risco de serem derrotadas na arbitragem".

d. **Caso Compagas** (Brasil, 2012b)

A Companhia Paranaense de Gás Natural (Compagas) propôs ação declaratória de nulidade de compromisso arbitral firmado com Consórcio Carioca Passarelli, sob fundamento de que a arbitragem não estava prevista no edital de licitação, que o interesse envolvido seria indisponível e que não estariam cumpridos os requisitos para a instauração de uma arbitragem. O pedido foi julgado improcedente, e o Tribunal de Justiça do Paraná confirmou a sentença.

No julgamento do recurso especial interposto pela Compagas, o STJ manteve o acórdão do TJ/PR. Em seu voto, a Ministra Nancy Andrighi ressaltou a peculiaridade do caso: não foi firmada cláusula compromissória no contrato pactuado entre as partes. Mas o compromisso arbitral foi firmado posteriormente, o que ela considerou válido. Entendeu a ministra que, como a discussão versava sobre a manutenção do equilíbrio econômico-financeiro do contrato, a controvérsia era patrimonial e disponível e poderia ser dirimida pelas próprias partes e pelo juízo arbitral.

e. **Caso Petrobras versus ANP** (Brasil, 2017b)

No Conflito de Competência n. 139.519, o Superior Tribunal de Justiça prestigia o princípio da competência-competência ao decidir que, havendo alegação de uma das partes sobre a inarbitrabilidade de determinada demanda que envolve contrato com cláusula compromissória, é o árbitro quem detém competência para analisar a questão.

Para entendermos o caso, é importante saber como surgiu o litígio entre a Agência Nacional do Petróleo, Gás Natural e Biocombustíveis (ANP) e a Petróleo Brasileiro S.A. (Petrobras).

Em 1997, a promulgação da Lei n. 9.478/1997 criou a ANP e provocou a quebra do monopólio da exploração do petróleo, até então exercida exclusivamente pela Petrobras, na esteira do que antes mencionamos sobre a descentralização dos serviços públicos (Brasil, 1997b).

Em 1998, a ANP promoveu licitação da exploração de determinados campos em bacias hidrográficas próximas ao Rio de

Janeiro e ao Espírito Santo. Na Rodada Zero, a Petrobras saiu vencedora, tendo firmado com a ANP

> o Contrato de Concessão nº 48000.003560/97-49, Bloco BC-60, para exploração, desenvolvimento e produção de petróleo e gás natural em campos de grande porte que integram a Bacia de Campos (na área sedimentar conhecida como Parque das Baleias, localizada no território do estado do Espírito Santo. O referido contrato foi aditado em 1999, oportunidade em que as partes, entre outras disposições, convencionaram a inclusão de cláusula compromissória apontando a Corte Internacional de Arbitragem da Câmara de Comércio Internacional – CCI como órgão responsável pela administração de eventuais conflitos. (Moreira; Cruz, 2021, p. 262-263)

A partir daí, a Petrobras passou a projetar investimentos e houve um crescimento de suas ações na Bolsa de Valores. Importante anotar que os Estados onde seriam exploradas as bacias passariam a ter direito de receber *royalties*.

Em 2014, a diretoria da ANP editou a Resolução de Diretoria n. 69/2014 (ANP, 2014), que modificou os termos contratuais, pois unificou os campos arrematados, criando um único grande campo de petróleo (Campo de Jubarte). Essa resolução acarretou modificações na cláusula econômica contratual.

Discordando do ato, pois entendeu que a modificação do contrato administrativo pactuado lhe causaria prejuízo econômico, a Petrobras requereu a instauração de arbitragem perante a Corte Internacional de Arbitragem da Câmara de Comércio Internacional (CCI), nos termos da cláusula compromissória constante do contrato administrativo.

Todavia, a ANP propôs, em face da Petrobras, ação anulatória do procedimento arbitral. A liminar foi indeferida, e o pleito foi julgado improcedente pela 5ª Vara Federal do Rio de

Janeiro, resultando na interposição de apelação pela ANP e pelo Estado do Espírito Santo (como interessado). Essas partes também ajuizaram ação cautelar visando à concessão de liminar para suspender o procedimento arbitral, o que foi deferido. Segundo a ANP, a Corte Internacional de Arbitragem da CCI não teria competência para julgar a causa, que diria respeito a direito indisponível.

A Petrobras, então, suscitou o conflito de competência perante o Superior Tribunal de Justiça. No conflito de competência (Brasil, 2017b), a Petrobras requereu liminar para suspensão da Resolução de Diretoria n. 69/2014 (ANP, 2014), que foi deferida.

> **Importante!**
>
> O conflito de competência ocorre no âmbito do processo civil quando dois órgãos jurisdicionais divergem com relação à sua própria competência. O conflito é positivo quando dois juízes entendem que são competentes para julgar a causa, declarando-se competentes. O conflito é negativo quando ambos os juízes declaram que são incompetentes. Havendo conflito, positivo ou negativo, as partes, o Ministério Público ou o juiz têm legitimidade para suscitar o conflito, conforme previsão dos arts. 951 e 953 do Código de Processo Civil (Brasil, 2015b). Ao final do procedimento, o tribunal declarará qual é o juiz competente, de acordo com o art. 957 do CPC. No caso de um árbitro ou tribunal arbitral declarar-se competente e, também, um órgão do Poder Judiciário fazer o mesmo, como aconteceu no caso do Parque das Baleias, convencionou-se, na jurisprudência, que é cabível o conflito de competência, o qual deve ser analisado pelo Superior Tribunal de Justiça. Além deste, há

> outros conflitos de competência análogos, como o Conflito de Competência n. 111.230/DF (Brasil, 2014).

No voto majoritário, a Ministra Regina Helena Costa ratificou a natureza jurisdicional da arbitragem, prestigiou a competência do tribunal arbitral para decidir sobre a existência, validade e eficácia da cláusula compromissória do contrato de concessão, pontuou que, ao recorrer à arbitragem, a Administração Pública atende ao interesse público, à boa-fé e à segurança jurídica e chegou até mesmo a decidir que o caso seria arbitrável (Brasil, 2017b).

Além disso, sobre dois argumentos do voto vencido proferido pelo Ministro Napoleão Nunes Maia Filho, um de que o direito controvertido seria indisponível e outro de que a arbitragem não seria possível, eis que o Estado do Espírito Santo, interessado, não firmou a cláusula compromissória, a Ministra Regina Helena consignou:

> Isso porque revela-se a necessidade de observância dos arts. 8º e 20, da Lei n. 9.307/96, que conferem ao juízo arbitral a medida de competência mínima, veiculada no princípio da competência-competência, cabendo-lhe, assim, deliberar sobre os limites de suas atribuições, precedentemente a qualquer outro órgão julgador bem como sobre as questões relativas à existência, à validade e à eficácia da convenção de arbitragem e do contrato que contenha a cláusula compromissória [...] Exsurge, desse modo, que a Lei n. 9.307/96, na redação dada pela Lei n. 13.129/15, estabelece haver precedência da arbitragem em relação à jurisdição estatal, submetendo-a ao controle desta [...] No que tange à disponibilidade ou indisponibilidade do direito patrimonial objeto do contrato de concessão (fls. 44/95e), impende analisar-se o tema da convivência de direito patrimonial disponível da

Administração Pública com o princípio da indisponibilidade do interesse público. O interesse público é sempre indisponível porque é de titularidade da coletividade, e não do Poder Público, consoante a sempre lembrada doutrina de Celso Antônio Bandeira de Mello [...] Maria Sylvia Zanella Di Pietro, por sua vez, apresenta lapidar lição acerca da indisponibilidade do interesse público e da existência de direito disponível da Administração [...] Acresça-se a clássica doutrina de Eros Roberto Grau, que distingue duas formas de atividade econômica do Estado–atividade econômica em sentido estrito e serviço público [...] Em consequência, sempre que a Administração contrata há disponibilidade do direito patrimonial, podendo, desse modo, ser objeto de cláusula arbitral, sem que isso importe em disponibilidade do interesse público. (Brasil, 2017b)

Ao final, o conflito de competência foi julgado procedente, por maioria de votos, para declarar a competência do Tribunal Arbitral da Corte Internacional de Arbitragem da Câmara de Comércio Internacional.

1.5 Viabilidade da arbitragem com o Poder Público

Como vimos, várias leis brasileiras nas esferas federal e estadual, além de decretos federais e estaduais, contemplam a arbitragem nos litígios de direitos patrimoniais disponíveis relacionados com o Poder Público. Também já vimos que a jurisprudência brasileira tem prestigiado a arbitragem com o Poder Público.

O leitor pode estar se perguntando se a supremacia e a indisponibilidade do interesse público, atributos apreendidos nas lições de direito administrativo, comprometem a possibilidade de o Poder Público participar de arbitragens. Ou, ainda, se os termos "direito patrimonial disponível" e "indisponibilidade do interesse público" são incompatíveis. A resposta para as duas questões é negativa.

A indisponibilidade do interesse público não prejudica a arbitrabilidade de direitos patrimoniais disponíveis da Administração Pública.

Em primeiro lugar, notemos que, quando o administrador público leva questões de direito patrimonial disponível à arbitragem, não está se deslocando do interesse público. Pelo contrário, em certas ocasiões é mais adequado que a questão seja dirimida por arbitragem. É perfeitamente possível que haja uma política pública direcionada à utilização das formas alternativas/adequadas de solução de conflitos do Poder Público.

Às vezes, essas políticas são fundamentais para a entrada de capital estrangeiro no país. Por exemplo, se um município precisa realizar uma obra de grande valor – como a construção de um viaduto – é interessante que várias empresas privadas participem da licitação para a contratação daquela que apresente a melhor proposta. Nesse caso, se houver investimento de capital estrangeiro, é crucial a previsão de cláusula compromissória no contrato porque empresas estrangeiras não querem se submeter aos processos perante o Poder Judiciário, que é, geralmente, muito lento, ocasionando perdas significativas de tempo e dinheiro.

Mesmo as grandes empresas nacionais, muitas vezes, fogem das licitações que não preveem a arbitragem para resolução dos conflitos dos contratos a serem firmados, dada a insegurança jurídica e os altos custos de transação gerados por demandas judiciais.

> **Preste atenção!**
>
> Indisponibilidade do interesse público não significa afastar a possibilidade de resolução de conflitos do Poder Público fora do âmbito do Poder Judiciário (Leitão, 2021, p. 49).

O Enunciado n. 60 da I Jornada de Prevenção e Solução Extrajudicial de Litígios do Conselho de Justiça Federal dispõe:

> As vias adequadas de solução de conflitos previstas em lei, como a conciliação, a arbitragem e a mediação, são plenamente aplicáveis à Administração Pública e **não se incompatibilizam com a indisponibilidade do interesse público**, diante do Novo Código de Processo Civil e das autorizações legislativas pertinentes aos entes públicos. (CJF, 2016, grifo nosso)

Outro fator importante para considerarmos é que a indisponibilidade do interesse público não se confunde com a disponibilidade do direito patrimonial. Sobre essas questões, vale destacar as palavras esclarecedoras de Rafael Munhoz de Mello (2015, p. 56-58):

> Bem compreendido o conteúdo do princípio da indisponibilidade do interesse público, é fácil concluir que não há qualquer incompatibilidade entre ele e a ideia de direitos disponíveis de titularidade da Administração Pública. Há, isso sim, uma confusão causada pela proximidade terminológica dos conceitos – indisponibilidade do interesse público, disponibilidade de direitos –, que, contudo, não torna um o oposto do outro. Entendida a indisponibilidade como vinculação da Administração

Pública ao interesse público, a confusão resta evidente. O princípio da indisponibilidade do interesse público rege todo e qualquer comportamento da Administração Pública, que jamais pode deixar de observá-lo, furtando-se à satisfação do interesse maior da coletividade. Dito de outro modo: todo e qualquer ato praticado pela Administração deve estar voltado ao atendimento do interesse público, não sendo lícito aos agentes administrativos atuarem para atingir qualquer outra finalidade. É assim tanto no exercício de direitos indisponíveis de titularidade da Administração Pública como também no exercício de seus direitos disponíveis. Ou é disponível o interesse público nos casos em que a Administração Pública é titular de direitos patrimoniais disponíveis? Vale dizer, pouco importa se o direito de titularidade do Estado é disponível ou indisponível: seu exercício sempre deverá estar voltado à satisfação do interesse público. E não há dúvida que a Administração Pública é titular de direitos patrimoniais disponíveis, entendidos como como direitos passíveis de negociação, na expressão de Carlos Ari Sundfeld e Jacintho Arruda Câmara. Não fosse assim, a Administração sequer poderia celebrar contratos, como bem percebeu Marçal Justen Filho. [...] Ao contratar, celebrar acordos ou pactuar transações a Administração Pública está dispondo de direitos de sua titularidade, o que não lhe autoriza, por óbvio, a dispor do interesse público em qualquer desses casos. Bem ao contrário, ela só pode dispor de seus direitos para melhor atender ao interesse público.

Logo, a indisponibilidade do interesse público não afeta a capacidade de a Administração contratar, tampouco a patrimonialidade dos objetos de seus contratos.

Como bem explica Celso Antônio Bandeira de Mello (2012, p. 60-61): "o interesse público, o interesse do todo, do conjunto social, nada mais é do que a dimensão pública dos interesses individuais, ou seja, dos interesses de cada indivíduo enquanto partícipe da Sociedade (entificada juridicamente no Estado)".

Lembremos que a Administração Pública também está autorizada a fazer acordos relativamente a direitos disponíveis. A Lei n. 7.347, de 24 de julho de 1985 (Lei da Ação Civil Pública), no art. 5º, parágrafo 6º, e a Lei n. 8.069, de 13 de julho de 1990 (Estatuto da Criança e do Adolescente), no art. 211, permitem ajustes de conduta entre os órgãos públicos legitimados e os interessados (Brasil, 1985; 1990).

O princípio da indisponibilidade do interesse público não macula a possibilidade de acordo e a arbitrabilidade objetiva dos litígios em que a Fazenda Pública é parte. Levar uma questão a acordo ou à arbitragem não representa disposição do interesse público.

> **Preste atenção!**
>
> A arbitragem é uma forma de resolução de conflito, não um meio de o administrador público "abrir mão" do direito material.

Quando submetemos um conflito à arbitragem, dispomos do Poder Judiciário, não do direito material. Como argumenta Carmona (2004, p. 66, grifo do original), "a arbitragem, portanto, coloca-se como opção válida para a solução de litígios, não se podendo confundir disponibilidade ou indisponibilidade de **direitos patrimoniais** com disponibilidade ou indisponibilidade do **interesse público**".

Sobre o mesmo tema, Eros Roberto Grau (2000, p. 20) ensina:

A Administração, para a realização do interesse público, pratica atos da mais variada ordem, dispondo de determinados direitos patrimoniais, ainda que não possa fazê-lo em relação a outros deles. Por exemplo, não pode dispor dos direitos patrimoniais que detém sobre os bens públicos de uso comum. Mas é certo que inúmeras vezes deve dispor de direitos patrimoniais, sem que com isso esteja a dispor do interesse público, porque a realização deste último é alcançada mediante a disposição daqueles.

Há ainda quem defende que, como a Administração Pública está sujeita aos princípios de legalidade, moralidade e boa-fé, caso verifique a existência do direito do particular com quem litiga, tem o dever de lhe dar cumprimento independentemente de intervenção judicial, o que atende ao interesse público (Talamini, 2017).

Há alguns autores que recorrem à distinção entre interesses públicos primários e interesses públicos secundários para justificar que os secundários são patrimoniais e, portanto, passíveis de disponibilidade (Souza; Oliveira, 2014).

Como explica Moreira Neto (1997, p. 84, grifo do original), os interesses públicos secundários "têm natureza instrumental, existindo para que os primeiros sejam satisfeitos, e resolvem-se em relações *patrimoniais* e, por isso, *tornaram-se disponíveis* na forma da lei, não importando sob que regime".

Nesse sentido, verificamos que os **atos administrativos de império**, quando os indivíduos aparecem sujeitos à autoridade do Estado, são **indisponíveis** (Dinamarco, 2013), e os **atos de gestão**, quando a Administração Pública está em paridade com o particular, são **disponíveis** (Grinover; Gonçalves; 2006).

Asseverou a Professora Ada Pellegrini Grinover em conferência sobre a arbitragem coletiva:

Preciso lembrar também que nessa visão não se esquece, de forma alguma, o princípio da indisponibilidade do interesse público. Mas que esse interesse público, na iminência de um conflito contratual, pode ser resolvido tendo por base aquelas balizas que dão apoio à atuação administrativa: a economicidade, a razoabilidade, a motivação, a continuação do serviço público etc. Então é perfeitamente possível que o Estado, a Administração busque alternativas em prol dos princípios gerais da administração, para, ou amigavelmente resolver os conflitos, pelo meio da autocomposição, ou submetendo esses conflitos à arbitragem. (Grinover; Gonçalves, 2006, p. 253)

Assim, "os atos de império da administração não são arbitráveis, pois refletem o interesse público primário, da coletividade" (Cahali, 2020, p. 460).

Para finalizar, ressaltamos que tudo o que pode ser contratado é passível de arbitragem e, por consequência, conflitos decorrentes de obrigações originárias de contratos firmados com o Poder Público podem ser submetidos à arbitragem.

> **PARA SABER MAIS**
>
> Para conhecer mais sobre o conteúdo abordado neste capítulo, assista ao vídeo "Grandes casos da arbitragem". Nele, os juristas Joaquim de Paiva Muniz, Eliana Baraldi e Raul Longo Zocal debatem o caso ANP *versus* Petrobrás, referido neste capítulo.
>
> GRANDES casos da arbitragem. Produção: Martim Della Valle e Raul Longo Zocal, 2021. Disponível em: <https://www.youtube.com/watch?v=1NaMZPk3Rp8>. Acesso em: 16 jan. 2023.

Síntese

Neste capítulo, defendemos que tanto a Administração Pública direta quanto a indireta podem dirimir seus conflitos contratuais por meio de arbitragem.

Também apontamos que, no Brasil, arbitragem está presente desde o Império até a atualidade. A legislação indicada nos quadros mostra como a arbitragem tem estado presente nas soluções de controvérsias oriundas de parcerias público-privadas e outros contratos administrativos pactuados pelo Estado.

Ademais, ficou demonstrado, na prática, como o Judiciário brasileiro tem decidido casos que giram em torno da arbitragem com o Poder Público (Lage, AES Uruguaiana, Nuclep, Compagas e Petrobras).

Por fim, desenvolvemos o pensamento acerca da viabilidade da arbitragem com o Poder Público, constatando que a arbitragem é uma forma de resolução de conflito, e não um meio de o administrador público "abrir mão" do direito material.

Figura 1.1 – Sinopse do capítulo

- Existe a Administração pública direta e a indireta.
- Tudo que é contratado é arbitrável.
- O Superior Tribunal de Justiça é *arbitration friendly*.
- É prevista desde a Constituição Federal em 1824.
- Administração Pública na arbitragem
- O caso Lage trouxe o entendimento do STF sobre a arbitragem com o Poder Público.
- Existem leis municipais, estaduais e federais que regulamentam.
- Atende ao interesse público, à boa-fé e à segurança jurídica.
- É uma forma de resolução de conflito, não um meio de o administrador "abrir mão" do direito.

Questões para revisão

1) Assinale a alternativa correta sobre a arbitragem com a Administração Pública:

   a. Não é permitida no ordenamento jurídico brasileiro, em observância ao princípio da indisponibilidade do interesse público.
   b. É permitida no ordenamento jurídico brasileiro apenas para a Administração Pública federal.
   c. Existe no Brasil desde 2015, quando foi expressamente permitida pela Lei de Arbitragem, com a alteração da Lei n. 13.129/2015.
   d. Existe no Brasil desde os tempos do Império e teve uma evolução significativa nas últimas décadas.
   e. É considerada ilegal pelo Superior Tribunal de Justiça.

2) Para efeitos de participação nas arbitragens, considera-se Administração Pública:

   a. União, estados, Distrito Federal, municípios, fundações, autarquias, sociedades de economia mista e empresas públicas.
   b. Fundações, autarquias, sociedades de economia mista e empresas públicas.
   c. União e suas autarquias federais.
   d. Apenas as pessoas jurídicas de direito público interno.
   e. Empresas públicas e privadas.

3) Analise as assertivas a seguir e indique V para as verdadeiras e F para as falsas.

( ) O STJ é costumeiramente referido pelos arbitralistas como *arbitration friendly*.

( ) O STF declarou a constitucionalidade da Lei de Arbitragem.

( ) Contratos de geração de energia hídrica, eólica e solar firmados por particulares com a Agência Nacional Energia Elétrica podem conter cláusula compromissória.

( ) Os contratos de parcerias público-privadas não podem conter cláusulas compromissórias.

( ) A Nova Lei de Licitações contempla dispositivos legais que autorizam meios alternativos de resolução de controvérsias, entre os quais a arbitragem.

Agora, assinale a alternativa que apresenta a sequência correta:

a. F, V, V, F, V.
b. V, F, V, F, V.
c. V, V, V, F, V.
d. V, V, V, F, F.
e. V, V, V, V, V.

4) Indique os motivos pelos quais se pode afirmar que a arbitragem com a Administração Pública é cabível.

5) Relacione a reforma do Estado ocorrida em 1995, que implantou o modelo de Administração Pública gerencial, com o crescimento da arbitragem com a Administração Pública no país.

QUESTÃO PARA REFLEXÃO

1) Como identificar os casos de contratos administrativos nos quais é adequada a inserção de cláusula compromissória? Quais critérios devem ser adotados?

II

Conteúdos do capítulo

» Arbitrabilidade subjetiva e objetiva.
» Arbitragem de direito e de equidade.
» Espécies de convenção de arbitragem.
» Arbitragem institucional e *ad hoc*.

Após o estudo deste capítulo, você será capaz de:

1. entender a arbitrabilidade subjetiva do Estado e quais espécies de litígios que envolvem o Poder Público podem ser submetidas à arbitragem, identificando o respectivo conceito de arbitrabilidade objetiva;
2. distinguir a arbitragem de direito e de equidade e verificar qual o modelo mais adequado ao Poder Público;
3. identificar a arbitragem institucional e a arbitragem *ad hoc*;
4. diferenciar as espécies de convenções arbitrais e averiguar quando se aplica a cláusula compromissória e quando o Poder Público é autorizado a firmar compromisso arbitral.

Arbitrabilidade, tipos de arbitragem e convenção arbitral

Já constatamos que o Poder Público – seja federal, estadual, distrital ou municipal, seja da Administração Pública direta ou indireta – pode submeter-se à arbitragem. Há leis autorizadoras. A jurisprudência admite. A comunidade jurídica reconhece. Há doutrina farta sobre o tema.

Agora, precisamos ir além para compreender os contornos da arbitragem nos casos que envolvem o Poder Público. Não podemos nos esquecer de alguns princípios e regras aplicáveis aos atos administrativos e à participação da Administração Pública nas relações jurídicas.

Para tanto, analisaremos os dispositivos da Lei de Arbitragem (Brasil, 1996) sob a ótica do processo arbitral que tem o Poder Público como parte.

Trataremos das arbitrabilidades subjetiva e objetiva, verificando as peculiaridades, as características específicas, os princípios, os tipos de arbitragem mais adequados, tudo na perspectiva da participação do Estado.

Também abordaremos as convenções arbitrais e verificaremos alguns exemplos de cláusulas compromissórias e compromissos arbitrais.

Quando uma das partes (ou ambas) pertence ao setor público, a arbitragem continua sendo arbitragem. Contudo, são necessárias adaptações para que encontre respaldo nos princípios da Administração Pública.

2.1 Arbitrabilidade

A viabilidade de se submeter determinado litígio à arbitragem passa pela verificação da presença das arbitrabilidades subjetiva e objetiva. Esta diz respeito às matérias que são passíveis de ser objeto de uma sentença arbitral. E a subjetiva concerne às pessoas que podem submeter-se à arbitragem.

> » Na aferição da **arbitrabilidade subjetiva**, questionamos **QUEM** pode ser parte na arbitragem.
> » Na análise da **arbitrabilidade objetiva**, perguntamos **O QUE** é arbitrável.

Vamos aprofundar um pouco mais o tema, a começar pela arbitrabilidade subjetiva nas causas que envolvem o Poder Público.

2.1.1 Arbitrabilidade subjetiva

Como vimos, a pergunta-chave para verificarmos a arbitrabilidade subjetiva é **quem** pode submeter-se à arbitragem.

Em seu art. 1º, a LA estabelece que as **pessoas capazes de contratar** poderão valer-se da arbitragem (Brasil, 1996).

Do direito civil, extraímos as noções de personalidade, capacidade de direito e capacidade de exercício. A **personalidade** exprime a "aptidão genérica para adquirir direitos e contrair obrigações" (Pereira, 2020, p. 181). A **capacidade de direito** é originada da personalidade e se estende a todos os indivíduos, sendo a aptidão para adquirir direitos e obrigações da vida civil.

O art. 1º do Código Civil (CC) estabelece que "Toda pessoa é capaz de direitos e deveres na ordem civil" (Brasil, 2002).

Os atributos da personalidade e da capacidade se complementam: "de nada valeria a personalidade sem a capacidade jurídica que se ajusta assim ao conteúdo da personalidade, na mesma e certa medida em que a utilização do direito integra a ideia de ser alguém titular dele" (Pereira, 2020, p. 222).

A **capacidade de fato**, ou de exercício, é a aptidão de exercer por si os atos da vida civil; ela depende de discernimento, prudência, juízo, tino, inteligência e conhecimento para distinguir o lícito do ilícito, o conveniente do prejudicial etc. (Diniz, 2002, p. 5). Os absolutamente incapazes (art. 3º do CC) e os relativamente incapazes (art. 4º do CC) detêm restrição na capacidade de exercício, devendo ser, respectivamente, representados ou assistidos para exercer seus direitos (Brasil, 2002, art. 1634, VII).

As **pessoas jurídicas** – de direito público e de direito privado – **também detêm personalidade e capacidade**, tendo aptidão genérica para adquirir direitos e contrair obrigações, a qual é exercida por meio de seus órgãos de deliberação e representação (Pereira, 2020).

A partir daí, podemos indagar: O Poder Público é capaz de contratar? A resposta é sim. "No âmbito do Estado, a capacidade de contratar deriva dos dois elementos que caracterizam o aspecto dinâmico da personalidade, isto é, a vontade e a manifestação dessa vontade" (Lemes, 2007, p. 123).

O Poder Público federal, estadual e municipal, seja da Administração direta ou indireta, celebra inúmeros contratos para dar conta de seu mister, em diversas áreas, como: contrato de compra e venda, de locação, de comodato, de concessão de serviço público, de obra pública e de uso de bem público. "Quando a Administração Pública firma contratos, o faz em nome do *ius gestionus* do Estado, equiparando-se, pois, à pessoa privada e a qualquer pessoa jurídica" (Lemes, 2007, p. 123-124).

Contratos, como sabemos, são negócios jurídicos cujos objetos são relativos a direitos patrimoniais disponíveis. Por conseguinte, geralmente litígios originados de contratos são arbitráveis (Schiefler, 2016, p. 990). Portanto, se a Administração Pública é capaz de contratar, também é capaz de submeter à arbitragem conflitos originários de disputas decorrentes dos mesmos contratos.

Ademais, desde 2015, a LA (Brasil, 1996) permite que a Administração Pública direta e indireta se utilize da arbitragem para dirimir conflitos patrimoniais disponíveis: existente autorização legislativa, dúvida não há de que a arbitragem é uma alternativa perfeitamente viável à Administração.

Mesmo antes de 2015, já havia diversas leis que permitiam que o Poder Público resolvesse seus conflitos por meio da arbitragem, como vimos no Capítulo 1. Portanto, na análise da arbitrabilidade subjetiva, podemos concluir que a Administração Pública pode submeter seus conflitos à arbitragem.

2.1.2 Arbitrabilidade objetiva

Antes, já adiantamos que a arbitrabilidade objetiva se refere a **quais matérias** são arbitráveis. A Lei de Arbitragem, por sua vez, determina que as matérias arbitráveis são as de direito patrimonial disponível.

Direito disponível é o que pode ser "exercido livremente pelo seu titular" (Carmona, 2004, p. 56); disponíveis são os "bens que podem ser livremente alienados ou negociados, por encontrarem-se desembaraçados, tendo o alienante plena capacidade jurídica para tanto" (Carmona, 2004, p. 56).

A disponibilidade se refere à negociabilidade, ou seja, ao fato de os bens e serviços estarem juridicamente livres para o mercado; tudo que está no mercado, em regra, é disponível, com base no princípio constitucional da livre iniciativa (Moreira Neto, 1997).

Portanto, disponível é o direito patrimonial passível de "transferência, alienação, cessão, renúncia, transação, negociação ou, em uma concepção ampla, negociação com terceiros" (Schiefler, 2016, p. 990).

Já a expressão *patrimonial* diz respeito àquilo que é passível de "valoração pecuniária" (Nery, 2016, p. 91). Direitos patrimoniais "podem ser convertidos ou verificados em valores financeiros" (Schiefler, 2016, p. 990).

Sobre a disponibilidade e a patrimonialidade, destacamos as lições de Diogo de Figueiredo Moreira Neto (1997, p. 85, grifo do original):

> São *disponíveis*, nesta linha, todos os interesses e os direitos deles derivados que tenham expressão *patrimonial*, ou seja, que possam ser quantificados monetariamente, e estejam no comércio, e que são, por esse motivo e normalmente, objeto de contratação que vise a dotar a Administração ou seus delegados, dos meios instrumentais de modo a que estejam em condições de satisfazer os interesses finalísticos que justificam o próprio Estado.

Na aferição da disponibilidade e da patrimonialidade, também extraímos alguns critérios estabelecidos no Código Civil.

O art. 852 do Código Civil estabelece que: "É vedado compromisso para solução de questões de estado, de direito pessoal de família e de outras que não tenham caráter estritamente patrimonial" (Brasil, 2002). Então, questões relativas ao estado das pessoas, de direito pessoal de família e todas que não tenham caráter patrimonial ficam excluídas da arbitrabilidade objetiva.

E o art. 11 do Código Civil determina que: "os direitos da personalidade são intransmissíveis e irrenunciáveis, não podendo o seu exercício sofrer limitação voluntária" (Brasil, 2002). Direitos da personalidade, como a vida, a liberdade, a integridade física, o nome, a privacidade, a intimidade e a honra são, portanto, indisponíveis, com exceção para suas consequências econômicas, como direito aos alimentos (Nery, 2016,

p. 92). Outro exemplo de efeito patrimonial de direito indisponível é a indenização decorrente da violação do direito à honra.

Assim, a disponibilidade é fator determinante da arbitrabilidade objetiva, uma vez que, "quando os bens, direitos, obrigações ou relações jurídicas controvertidos forem insuscetíveis de disposição, aí também a arbitragem não será admissível" (Dinamarco, 2013, p. 75).

Relativamente à Administração Pública, há alguns detalhes que precisam ser considerados na aferição da arbitrabilidade objetiva, principalmente os pertinentes aos princípios da indisponibilidade do interesse público e da legalidade.

> **IMPORTANTE!**
>
> É relevante fazer uma pequena distinção entre arbitrabilidade e sindicabilidade dos atos administrativos. A sindicabilidade, ou jurisdicionalidade, diz respeito às matérias que podem ser apreciadas pelo Poder Judiciário (e pelo árbitro/árbitra). Esse filtro é anterior ao da arbitrabilidade (Deus, 2021). Atos administrativos discricionários, baseados na conveniência e oportunidade do gestor público, não são passíveis de revisão pelo Poder Judiciário, a não ser que estejam em desconformidade com a lei. Então, esses atos também não podem ser controlados pelos árbitros. A análise da sindicabilidade é anterior à verificação da arbitrabilidade.

A Administração Pública atua na defesa do interesse da sociedade, não do interesse próprio, portanto está sujeita a limitações e condicionantes previstas em lei (Deus, 2021).

Todavia, a Administração "não pode dispor dos interesses alheios que representa e que deve tutelar. É nesse contexto que surge o princípio da indisponibilidade do interesse público.

Isso, porém, não significa a total imobilidade da Administração Pública" (Deus, 2021, p. 13). Atos de gestão administrativa e de disposição de bens públicos são necessários para a concretização do interesse público (Deus, 2021, p. 13).

Geralmente, são as relações oriundas dos contratos administrativos que viabilizam a arbitragem, pois eles tratam, como regra, de direitos e obrigações patrimoniais disponíveis.

É importante recordarmos a diferença entre os contratos de direito privado, nos quais a Administração Pública se nivela ao particular, portanto sujeitos ao regime privado, e os contratos administrativos, consistentes nos "ajustes que a Administração, nessa qualidade, celebra com pessoas físicas ou jurídicas, públicas ou privadas, para a consecução de fins públicos, segundo regime jurídico de direito público" (Di Pietro, 2022, p. 284).

Os contratos administrativos são originados de um edital de licitação em que a Administração oferta à coletividade a possibilidade de contratar com o Poder Público a realização de um serviço público, de acordo com as condições previamente estabelecidas (Di Pietro, 2022). Aquele que apresenta a proposta mais vantajosa para a Administração Pública é o vencedor e firma com ela o contrato administrativo, que regulará os direitos e deveres de cada parte durante o período de vigência contratual.

Em ambos os casos, como a natureza jurídica é de contratação, poderá a Administração convencionar cláusulas compromissórias.

Concluímos, assim, que a arbitrabilidade objetiva está presente nos contratos de direito privado e nos contratos administrativos celebrados pelo Poder Público.

Alexandre Santos Aragão (2017, item 3) entende que tudo que está no contrato administrativo é arbitrável, ainda que tenha fundamento na lei, contudo, os contratos administrativos também podem conter cláusulas de direitos indisponíveis, sobre as quais não é possível recorrer à arbitragem. Por exemplo, as **cláusulas exorbitantes do direito comum**, como as prerrogativas de a Administração Pública modificar ou extinguir unilateralmente os contratos, fiscalizar sua execução, aplicar sanções motivadas pela inexecução total ou parcial do ajuste, ocupar provisoriamente bens móveis e imóveis e utilizar pessoal e serviços vinculados ao objeto do contrato em hipóteses descritas na lei, conforme o art. 104 da Nova Lei de Licitações e Contratos Administrativos (NLLCA) (Brasil, 2021a). Havendo discordância do particular quanto à modificação unilateral, deverá buscar a tutela jurisdicional estatal.

Assim, o **poder fiscalizatório** da Administração Pública decorrente de contratos administrativos é inarbitrável, já que é entendido como exercício do poder de polícia (Deus, 2021).

Nesse sentido, Schiefler (2016, p. 993) esclarece que:

> Outra prerrogativa administrativa considerada indisponível refere-se à fiscalização que deve ser empreendida pela Administração Pública sobre os contratos administrativos. O poder-dever de fiscalização não pode ser questionado em arbitragem, o que significa que o particular não poderá se valer da arbitragem para resolver conflitos sobre como a fiscalização é empreendida pela Administração Pública, quem efetivamente a empreende, com que regularidade ou se ela é realizada.

Entretanto, se o particular pretender uma indenização decorrente da modificação unilateral do contrato pela Administração Pública, aí, sim, o litígio poderá ser julgado por arbitragem. Isso porque os impactos patrimoniais dos direitos indisponíveis são arbitráveis. Como explicam Oliveira e Estefam (2019, p. 80), "é o caso das potestades tributárias, que, embora indisponíveis, não inviabilizam que a lei autorize a exclusão do crédito tributário por anistia ou a sua extinção pela remissão".

> **Fique atento!**
>
> » Se o ato da Administração Pública é **de gestão**, existe disponibilidade e, consequentemente, arbitrabilidade objetiva.
> » Se o ato da Administração Pública é **de império**, ou seja, um poder-dever decorrente de lei, a desavença originada de sua prática não é dotada de arbitrabilidade objetiva.

Com base em Schiefler (2016, p. 990), podemos exemplificar atos de gestão (arbitráveis) como:

» reequilíbrio econômico-financeiro, ainda que decorrente do exercício de prerrogativas da Administração Pública;
» multa aplicada pela Administração em razão de algum inadimplemento contratual, pois representa categoria de direito patrimonial disponível (Schiefler, 2016).

E atos de império (inarbitráveis) como:

» sanções aplicadas com base no art. 156 da NLLCA em decorrência de infrações administrativas;
» deveres relacionados ao processo da contratação pública, como "a obrigação de cumprir o edital licitatório, a obrigação de publicar o extrato do contrato administrativo em diário oficial, a eventual irregularidade no julgamento da licitação, a ilegalidade de algum dispositivo editalício" (Schiefler, 2016, p. 992).

Gustavo Henrique Carvalho Schiefler (2016, p. 993-994) cita outros exemplos de fatos arbitráveis relativamente aos contratos administrativos:

> Outras hipóteses passíveis de submissão à arbitragem referem-se à aplicação de mecanismos de mitigação de riscos, eventualmente previstos no contrato em matrizes de riscos. A verificação a respeito da responsabilidade de uma ou outra parte sobre os custos decorrentes de algum risco previsto no contrato pode ser realizada pela arbitragem, pois, mais uma vez, cuida-se de um litígio relacionado ao adimplemento ou inadimplemento de obrigações contratuais. O acionamento dos mecanismos de garantias em parcerias público-privadas é outro potencial litígio que versa sobre direitos patrimoniais disponíveis e pode ser objeto de arbitragem. Nesse mesmo sentido, os valores e os critérios para apuração da indenização em caso de extinção contratual prematura também podem ser submetidos ao juízo arbitral.

Além do que foi citado, podemos concluir, com as lições de Felipe Faiwichow Estefam (2018, p. 120, grifo do original), que o campo das matérias contratuais arbitráveis é aquele relativo à interpretação sobre:

> *(i)* os termos sacramentados no contrato administrativo, pelas cláusulas regulamentares; *(ii)* as cláusulas econômico-financeiras e monetárias; *(iii)* as hipóteses em que se assegura a manutenção do equilíbrio econômico-financeiro e *(iv)* as consequências patrimoniais advindas do uso das prerrogativas administrativas determinadas em cláusulas exorbitantes que afetem direitos do particular.

Alguns instrumentos normativos apresentam rol exemplificativo de controvérsias passíveis de ser arbitradas.

O art. 2º, parágrafo único, do Decreto n. 10.025/2019, citado no Quadro 1.5, traz alguns exemplos de controvérsias de direitos patrimoniais disponíveis suscetíveis de arbitragem:

> Art. 2º [...]
>
> I – as questões relacionadas à recomposição do equilíbrio econômico-financeiro dos **contratos**;
>
> II – o cálculo de indenizações decorrentes de extinção ou de transferência do **contrato** de parceria; e
>
> III – o inadimplemento de obrigações **contratuais** por quaisquer das partes, incluídas a incidência das suas penalidades e o seu cálculo. (Brasil, 2019a)

Como já citamos no Quadro 1.4, o art. 151, parágrafo único, da NLLCA também apresenta alguns exemplos de direitos patrimoniais disponíveis que podem ser submetidos à arbitragem, "como as questões relacionadas ao restabelecimento do equilíbrio econômico-financeiro do **contrato**, ao inadimplemento de obrigações **contratuais** por quaisquer das partes e ao cálculo de indenizações" (Brasil, 2021a).

É importante perceber que todas as hipóteses descritas na legislação mencionam os direitos decorrentes de relações contratuais com o Estado.

Por fim, vale frisar que o Enunciado n. 107 da II Jornada Prevenção e solução extrajudicial de conflitos definiu que direito patrimonial disponível, "para fins de submissão de questões que envolvam a Administração Pública ao procedimento arbitral, deve observar o critério de negociabilidade da matéria objeto de discussão" (CJF, 2021, p. 15). O enunciado privilegia o critério da patrimonialidade para definir se determinado litígio pode ser submetido à arbitragem.

IMPORTANTE!

Como as contratações de obras, serviços, compras e alienações da Administração Pública devem ser precedidas de licitação, e os contratos de concessão ou permissão de serviços públicos exigem processo licitatório, conforme, respectivamente, os arts. 37, inciso XXI, e 175 da CF (Brasil, 1988), já na elaboração do respectivo edital deve-se vislumbrar e prever o meio alternativo de resolução de litígios. Isso não impede que a adoção do método seja feita em um momento subsequente, como veremos no tópico do compromisso arbitral. Mas, na grande parte dos casos, a arbitragem estará prevista na fase embrionária do contrato, ou seja, na elaboração do edital de licitação.

Outro dado importante é que apenas contratos administrativos que envolvem grandes somas de valores têm previsão de cláusula compromissória. Apesar de o custo-benefício ser uma vantagem da arbitragem, o impacto imediato das taxas de registro e administração das câmaras e os honorários dos árbitros representam uma soma significativa de dinheiro. Assim, é vantajoso o uso da arbitragem, que terá decisões mais rápidas e sofisticadas nos casos de contratos de alto valor.

Imagine contratos administrativos de concessão de uso e exploração de rodovia, de aeroporto ou de hospital ou contratos administrativos de empreitada. Eles envolverão altos valores, prestação contínua e complexidade do objeto. São ótimos exemplos de que a arbitragem pode ser uma boa escolha do administrador e do particular.

Verificadas quais as matérias passíveis de arbitragem, evidenciaremos as especificidades da participação da Administração Pública em arbitragem, desde o momento em que o gestor opta por esse meio de solução de controvérsias até a prolação da sentença e sua efetivação.

2.2 Arbitragem de direito e de equidade

A Lei de Arbitragem estabelece, no art. 2º, que a arbitragem poderá, a critério das partes, ser **de direito** ou **de equidade** (Brasil, 1996). Aqui, fica clara a incidência do princípio da autonomia da vontade na arbitragem, decorrente do direito fundamental de liberdade, conforme a Constituição Federal, preâmbulo e art. 5º, *caput* (Brasil, 1988).

Com efeito, as partes detêm liberdade não só para optar pela via privada de solução de conflitos, mas também para escolher se o critério pelo qual o árbitro nomeado por elas mesmas julgará a causa: com base no ordenamento jurídico ou na equidade.

Quando as partes optam pela **arbitragem de direito**, o árbitro deve julgar o litígio com base no ordenamento jurídico.

Inclusive, é permitido às partes escolher livremente as regras de direito aplicadas na arbitragem, conforme o art. 2º, parágrafo 1º, da LA. Podem, por conseguinte, especificar qual ordenamento jurídico deverá ser aplicado: se de um país ou de outro. Também têm liberdade para excluir determinada legislação da arbitragem, de modo que a sentença arbitral nela não poderá ser baseada.

Assevera Carlos Alberto Carmona (2004, p. 76):

> Resta claro que as partes podem escolher a via arbitral não apenas para evitar a solução judicial dos conflitos, mas especialmente para poderem selecionar a lei material aplicável na eventualidade de litígio, o que é especialmente importante no campo do comércio internacional.

Exemplificando: as partes podem estabelecer em sua convenção arbitral que o Código Civil brasileiro deverá ser aplicado, excluindo-se a legislação consumerista.

Vale destacar que a escolha das partes é contornada pela liberdade, mas não deve furtar-se de observar os bons costumes e a ordem pública (LA, art. 2º, § 1º, *in fine*).

Conforme o art. 2º, parágrafo 2º, da LA, as partes podem convencionar a realização da arbitragem com base nos princípios gerais de direito, nos usos e costumes e nas regras internacionais de comércio.

Já a **arbitragem de equidade** é realizada não com base na lei, mas sim na noção de justiça e de equilíbrio do árbitro (Tonin, 2019). Nesse tipo de arbitragem, a sentença será fundada no bem entender do árbitro, que estará autorizado a mitigar a severidade da norma (Carmona, 2004).

Ao julgar por equidade, o árbitro atenderá aos ditames de seu conhecimento e de sua compreensão: "acudiendo a los dictados de su leal saber y entender"* (Couture, 1988, p. 258).

Na arbitragem de equidade, os árbitros podem decidir até mesmo contrariamente à lei, "bastando que entendam que a decisão tomada representa a forma mais justa de solução do caso" (Fichtner; Mannheimer; Monteiro, 2019, p. 67).

---

* "Atendendo aos ditames de seu leal conhecimento e compreensão" (tradução nossa).

É preciso, entretanto, fazer uma ressalva: mesmo a arbitragem de equidade não pode ser contrária à ordem pública e aos bons costumes, conforme preceitua o art. 2º, parágrafo 1º, da LA.

A arbitragem envolvendo a Administração Pública deve ser sempre de direito, o que está estabelecido no art. 2º, parágrafo 3º, da LA.

É adequada a referida previsão legal, dada a imprevisibilidade dos julgamentos por equidade, extraídos de "critérios subjetivos, levando em conta a noção de justiça e de equilíbrio que o julgador venha a adotar" (Tonin, 2019, p. 287).

Assim, nas arbitragens com o Poder Público, o fundamento da sentença arbitral deve recair sobre o ordenamento jurídico.

O fundamento para a obrigatoriedade de julgamento da arbitragem de direito está no princípio da legalidade, ao qual está vinculada a Administração Pública, conforme o art. 37, inciso I, da Constituição (Brasil, 1988). Em razão desse princípio, como explica Tonin (2019, p. 288), "a Administração só pode se submeter a uma decisão que seja tomada com base em critérios rigorosamente jurídicos, oriundos de normas postas formalmente por lei, regulamento, contrato ou ato administrativo". Para Salles (2011), há uma indisponibilidade normativa da Administração Pública, somente estando submetida a normas do ordenamento jurídico.

Corroborando o art. 2º, parágrafo 3º, da Lei de Arbitragem (Brasil, 1996), o Decreto Federal n. 10.025/2019 determina que a arbitragem, para dirimir litígios que envolvam a Administração Pública federal nos setores portuário e de transporte rodoviário, ferroviário, aquaviário e aeroportuário, deve ser **exclusivamente de direito** (Brasil, 2019a, art. 3º, I).

Há outros instrumentos normativos que também preveem que as arbitragens com a Administração Pública serão exclusivamente de direito, a saber:

» Nova Lei de Licitações e Contratos Administrativos (NLLCA), art. 152 (Brasil, 2021a).
» Decreto n. 55.996/2021 (RS), art. 2º, II (Rio Grande do Sul, 2021).
» Decreto n. 59.963/2020 (Município de São Paulo), art. 8º, II (São Paulo, 2020).
» Decreto Estadual n. 64.356/2019 (SP), art. 4º, parágrafo 1º, 2 (São Paulo, 2019).
» Decreto Estadual n. 46.245/2018 (RJ), art. 4º, II (Rio de Janeiro, 2018).

Portanto, as arbitragens que envolvam a Administração Pública devem ser obrigatoriamente julgadas com base no ordenamento jurídico: deverão ser de direito.

2.3 Arbitragem institucional e *ad hoc*

Vimos, nas premissas introdutórias, que a arbitragem pode ser institucional ou *ad hoc*, também denominada *avulsa*, de acordo com a forma de instituição.

A diferença é que, na arbitragem institucional, as partes escolhem uma instituição para administrar o procedimento e, na *ad hoc*, é o próprio árbitro que exerce essa função (Cahali, 2020).

A arbitragem institucional é administrada por uma câmara, ou órgão institucional, que será responsável por disponibilizar sua sede, providenciar os atos cartoriais, como notificações de partes, testemunhas e árbitros, disponibilizar equipamentos necessários à gravação de audiências etc. As câmaras funcionam como secretarias (Cahali, 2020).

A propósito, vale citar o art. 5º da Lei n. 9.307/1996 – Lei de Arbitragem:

> Art. 5º Reportando-se as partes, na cláusula compromissória, às regras de algum órgão arbitral institucional ou entidade especializada, a arbitragem será instituída e processada de acordo com tais regras, podendo, igualmente, as partes estabelecer na própria cláusula, ou em outro documento, a forma convencionada para a instituição da arbitragem. (Brasil, 1996)

Comumente, as câmaras têm lista de árbitros a serem escolhidos pelas partes para atuar nos procedimentos, no entanto o art. 13, parágrafo 4º, da LA permite que as partes, de comum acordo, afastem a limitação da escolha do árbitro único, coárbitro ou presidente do tribunal à respectiva lista de árbitros (Brasil, 1996).

As câmaras têm seus regulamentos de arbitragem próprios nos quais há, entre outras, regras sobre:

» solicitação da instauração da arbitragem;
» comunicação dos atos;
» prazos;
» juntada de documentos;
» indicação dos árbitros;
» termo de arbitragem;
» procedimento;
» custos.

Para o exercício de suas funções, as câmaras costumam cobrar a taxa de registro e a taxa de administração, que, juntamente dos valores dos honorários dos árbitros, constam das respectivas tabelas de custas.

A **taxa de registro**, geralmente, tem um valor fixo, cobrado de acordo com o valor da causa, e cuja finalidade é custear as despesas iniciais do procedimento arbitral.

A **taxa de administração** é o valor cobrado pela instituição para realizar o trabalho de administração no decorrer do procedimento arbitral. As câmaras têm tabelas que apontam o valor dessa taxa de acordo com o valor da causa.

O regulamento da câmara fixa o responsável pelas taxas de registro e de administração, o que também pode ser estabelecido pelas partes na convenção arbitral.

Os **honorários** são destinados aos árbitros pelo exercício de sua função de acompanhar o procedimento e proferir a sentença arbitral. As câmaras também mantêm tabelas de honorários dos árbitros considerando o valor da causa.

Na arbitragem *ad hoc*, é o próprio árbitro nomeado pelas partes quem exercerá essa função burocrática, além de julgar a causa. Nessa espécie, o árbitro ou o tribunal arbitral não estará vinculado a uma câmara, cabendo a ele/eles exercer a gerência do procedimento.

Nas arbitragens com o Poder Público, é recomendável que seja escolhida uma entidade para administrar o procedimento. Vale dizer que é mais adequada a arbitragem institucional. Destacamos a opinião de Moreira e Cruz (2022b, p. 233):

> A principal vantagem de operacionalizar um procedimento institucional consiste na segurança conferida à condução imparcial e supervisão da demanda sob a égide de uma câmara especializada. Embora não sejam órgãos julgadores, as câmaras (i) fornecem o set de regras aplicáveis ao procedimento; (ii) prestam serviços singulares de cunho administrativo; (iii) podem atuar como autoridades

nomeadoras na indicação/substituição de árbitros e, (iv) quando necessário, editam atos procedimentais de caráter decisório de acordo com seus regulamentos e regimentos.

Os seguintes decretos, já antes mencionados, estabelecem que, preferencialmente, a arbitragem com a Administração Pública será institucional, conforme as seguintes normas:

- » Decreto n. 59.963/2020 (Município de São Paulo), art. 3º (São Paulo, 2020);
- » Decreto Estadual n. 64.356, de 31 de julho de 2019 (SP), art. 3º (São Paulo, 2019).

Nos Estados do Rio Grande do Sul e do Rio de Janeiro, a arbitragem deverá obrigatoriamente ser institucional, a saber:

- » Decreto n. 55.996/2021 (RS), art. 2º, II (Rio Grande do Sul, 2021);
- » Decreto Estadual n. 46.245, de 19 de fevereiro de 2018 (RJ), art. 2º (Rio de Janeiro, 2018).

É muito importante que os órgãos institucionais que administrem a arbitragem estejam capacitados para tramitar os processos em que o Poder Público figure como parte, principalmente no que tange aos seguintes aspectos: regulamento específico com regras que se adaptem às peculiaridades das causas com a Administração Pública, relação de árbitros com *expertise* para julgar tais causas, bem como estrutura compatível com a publicidade das arbitragens.

Algumas das principais câmaras de arbitragem do país já têm regulamentos próprios ou normas específicas para os processos arbitrais que envolvem a Administração Pública.

Como na arbitragem não há recursos, visto que a sentença arbitral é definitiva, recomendamos que o Poder Público firme convenções arbitrais que contenham estipulação de painel arbitral.

O painel arbitral, ou tribunal arbitral, é constituído de, no mínimo, três árbitros, pois o art. 13 da LA estabelece que, se for nomeado mais de um árbitro, o número será sempre ímpar. Há notícia de arbitragens com painéis de cinco árbitros, o que é incomum. O mais frequente é que, em caso de painel, o número seja de três árbitros.

Apesar de o custo ser mais elevado, o fato de haver mais de um árbitro para julgar a causa traz mais segurança na prolação das sentenças.

Alguns instrumentos normativos preveem a exigência de que as arbitragens com o Poder Público devem ser julgadas por tribunal arbitral composto por três membros:

- » Decreto n. 55.996/2021 (RS), art. 5º, inciso VIII (Rio Grande do Sul, 2021);
- » Decreto n. 59.963/2020 (Município de São Paulo), art. 8º, VI (São Paulo, 2020);
- » Decreto Estadual n. 64.356/2019 (SP), art. 4º, 6 (São Paulo, 2019) – esse decreto prevê que poderá ser adotado árbitro único em causas de menor valor ou menor complexidade.

2.4 Convenção de arbitragem

A convenção de arbitragem é o instrumento pelo qual duas ou mais pessoas físicas ou jurídicas capazes estabelecem entre si que conflito atual ou futuro seja dirimido por um terceiro imparcial de sua confiança. Como explica Hanthorne (2022,

p. 151), "é por meio da convenção que as partes elegem a jurisdição arbitral".

Também podemos denominar a convenção arbitral de "pacto arbitral ou acordo de arbitragem" (Tonin, 2019, p. 271).

Segundo Hanthorne (2022), a convenção de arbitragem, incluída em contratos comuns de relação negocial, em pactos de mediação e perante o Poder Judiciário pode ser estabelecida antes ou após surgido o litígio: **antes**, quando as partes firmam um contrato no qual convencionam que qualquer conflito oriundo da relação contratual será levado à arbitragem; **após**, quando, diante de um conflito de direito patrimonial disponível já existente, as partes firmam compromisso de se submeterem à arbitragem.

A Lei de Arbitragem prevê expressamente a classificação da convenção de arbitragem em cláusulas compromissórias e compromissos arbitrais:

> Art. 3º As partes interessadas podem submeter a solução de seus litígios ao juízo arbitral mediante convenção de arbitragem, assim entendida a cláusula compromissória e o compromisso arbitral. (Brasil, 1996)

A convenção é dotada dos efeitos negativo e positivo: **negativo** porque exclui a atuação da jurisdição estatal; **positivo**, pois afirma a competência do árbitro ou do painel arbitral para julgar o conflito.

Relativamente ao efeito positivo, é importante mencionar o princípio da *kompetenz-kompetez*, segundo o qual cabe ao árbitro decidir sobre sua própria competência para julgar a questão. O princípio está contemplado no art. 8º, parágrafo único, da LA: "Caberá ao árbitro decidir de ofício, ou por provocação das partes, as questões acerca da existência, validade e eficácia da convenção de arbitragem e do contrato que contenha a cláusula compromissória" (Brasil, 1996).

Anteriormente já tratamos de casos marcantes do Superior Tribunal de Justiça que prestigiaram o princípio, que também está contemplado no art. 337, inciso X, e no art. 485, inciso VII, do Código de Processo Civil (Brasil, 2015a). As normas preveem, respectivamente, que, havendo convenção arbitral, caso uma das partes proponha demanda perante o Poder Judiciário e a outra alegue, em preliminar de contestação, a existência da convenção, o juiz deverá extinguir o processo sem resolver o mérito. A declaração sobre a competência de julgamento da causa cabe primeiramente ao árbitro: por isso **o Judiciário, nesses casos, deve omitir-se de julgar o mérito**. Eventual controle poderá ser feito *a posteriori* pelo Poder Judiciário, por meio da ação anulatória prevista nos arts. 32 e 33 da LA.

É bom lembrarmos que, na hipótese de ação judicial ajuizada em detrimento da convenção arbitral, a parte ré deve suscitar a questão na preliminar da contestação, sob pena de preclusão e extinção da convenção arbitral (CPC, art. 337, X e § 5º), já que a matéria não é de ordem pública.

Outra forma de extinção da convenção arbitral ocorre quando as partes, de comum acordo, resolvem afastar a arbitragem para solução de seu conflito (Tonin, 2019).

Quando o Estado firma uma convenção arbitral válida, seja cláusula compromissória, seja compromisso arbitral, tendo interesse em resolver litígio de direito patrimonial disponível em face da outra parte, deverá requerer a instauração da arbitragem, e não propor ação judicial. Em contrapartida, se for requerida a instauração da arbitragem pela outra parte, descabe insurgir-se contra a convenção arbitral, sob pena de incorrer em comportamento contraditório, ou *venire contra factum proprium* (Tonin, 2019).

Nos dois tópicos seguintes, aprofundaremos o tema, com ênfase para as convenções com o Poder Público.

Antes, é importante aludirmos a um ponto explicitado no art. 1º, parágrafo 2º, da LA: "A autoridade ou o órgão competente da Administração Pública direta para a celebração de convenção de arbitragem é a mesma para a realização de acordos ou transações" (Brasil, 1996). Portanto, a autoridade que deve firmar a convenção de arbitragem é a mesma a quem a lei atribui a competência para realizar acordos ou transações. Nesse ponto, a LA foi genérica, até porque cada ente da federação regula tal competência. Para apurar a competência de determinada autoridade, é necessário pesquisar a legislação do ente respectivo.

2.4.1 Cláusula compromissória

O art. 4º da Lei de Arbitragem define *cláusula compromissória* como "a convenção através da qual as partes de um contrato comprometem-se a submeter à arbitragem os litígios que possam vir a surgir, relativamente a tal contrato" (Brasil, 1996). O art. 853 do Código Civil, por sua vez, estabelece que "admite-se nos contratos a cláusula compromissória, para resolver divergências mediante juízo arbitral, na forma estabelecida em lei especial" (Brasil, 2002).

A cláusula compromissória, cuja natureza é contratual (Aprigliano, 2012, p. 175), deve ser estipulada por escrito e pode estar inserta no contrato ou em documento apartado:

> Art. 4º [...]
>
> § 1º A cláusula compromissória deve ser estipulada por escrito, podendo estar inserta no próprio contrato ou em documento apartado que a ele se refira.

> § 2º Nos contratos de adesão, a cláusula compromissória só terá eficácia se o aderente tomar a iniciativa de instituir a arbitragem ou concordar, expressamente, com a sua instituição, desde que por escrito em documento anexo ou em negrito, com a assinatura ou visto especialmente para essa cláusula. (Brasil, 1996)

Assim, a cláusula compromissória é sempre incluída em um contrato pactuado entre as partes, portanto é **convencionada antes de surgir o litígio**.

Diz-se que a cláusula compromissória é a *cláusula da meia-noite* porque, comumente, fica para o final, em razão das tantas tratativas que as partes contratantes (em contratos civis, comerciais, de sociedade) devem ter antes de firmar o instrumento. Dessa forma, muitas vezes, ela apresenta defeitos que comprometem o início ou inviabilizam a arbitragem, questão que será vista mais adiante, quando tratarmos das cláusulas compromissórias vazia e patológica.

Além da natureza contratual, a cláusula compromissória tem autonomia e força vinculante, sendo negócio jurídico processual (Aprigliano, 2012).

A autonomia da cláusula compromissória é prevista no art. 8º, *caput*, da Lei de Arbitragem: "A cláusula compromissória é autônoma em relação ao contrato em que estiver inserta, de tal sorte que a nulidade deste não implica, necessariamente, a nulidade da cláusula compromissória" (Brasil, 1995). Sobre isso, ensina Guerrero (2009, p. 18):

> Tal determinação legal faz com que qualquer análise sobre a nulidade ou anulabilidade de contrato deva passar primeiramente pelo crivo dos árbitros, isto é, eles irão decidir, com preferência sobre o Judiciário, sobre a nulidade ou anulabilidade da cláusula compromissória e se ela for hígida poderão analisar o mérito da demanda. Do

contrário, bastaria a alegação de que um contrato com cláusula compromissória é nulo ou anulável para que a análise tivesse que ser feita pelo Judiciário.

A força vinculante da cláusula compromissória resulta do fato de que, sendo a cláusula cheia – vale dizer, contendo os requisitos necessários para a instauração da arbitragem –, ela é contrato de eficácia plena, sendo irrevogável e irretratável, ou seja, não é possível sua revogação unilateral (Aprigliano, 2012).

Além disso, a cláusula compromissória é negócio jurídico processual, pois gera efeitos processuais específicos: o positivo e o negativo (Aprigliano, 2012). Sendo assim, os efeitos da cláusula compromissória são:

> » **Positivo**: estabelece a competência do árbitro ou tribunal arbitral.
> » **Negativo**: afasta a competência do Poder Judiciário.

Dessa forma, os efeitos da cláusula compromissória, bem como sua autonomia em relação ao contrato, têm o objetivo de "assegurar eficácia máxima ao acordo arbitral e segurança jurídica àqueles que optam por solucionar seus conflitos pela via arbitral" (Pitombo; Ancel, 2006, p. 330).

Anteriormente, deixamos claro que, se o Poder Público pode contratar, também tem permissão para firmar cláusula compromissória, e é nos contratos administrativos que o Poder Público costuma convencionar cláusulas compromissórias.

Com efeito, contratos administrativos de concessão podem conter cláusulas que estabeleçam a arbitragem como forma de resolução dos litígios. A esse respeito, veja o Quadro 1.3, que relaciona leis que contêm tal previsão.

Além dos aspectos gerais necessários aos negócios jurídicos (partes capazes, objeto lícito e forma prescrita e não defesa em lei), as convenções arbitrais que vinculam a Administração Pública contêm algumas especificidades de direito público, a saber: "i) podem ser controladas pelos Tribunais de Contas; ii) a autoridade que celebra a convenção de arbitragem deve ser investida de poderes para tanto; o bem jurídico objetivado pelo contrato deve ser de acordo com o mandamento do ordenamento jurídico" (Oliveira; Estefam; 2019, p. 54).

Em geral, o edital de licitação já prevê a arbitragem como forma de resolução de disputas do contrato administrativo a ser firmado. A Nova Lei de Licitações e Contratos Administrativos permite expressamente a utilização dos denominados *meios alternativos de prevenção e resolução de controvérsias* no art. 151, entre os quais a arbitragem (Brasil, 2021a).

O Professor Francisco José Cahali (2020) lembra que, dos nove contratos de parceria público-privada convencionados para a instalação de estádios para a Copa do Mundo de 2014, quatro continham cláusulas compromissórias: os de Natal, Salvador, Belo Horizonte e Recife.

Vejamos alguns exemplos práticos reais de cláusulas compromissórias com o Poder Público:

a. Contrato de Concessão dos Serviços de Modernização, Gestão, Operação e Manutenção do Complexo do Pacaembu:

Cláusula 36ª SOLUÇÃO DE DIVERGÊNCIAS POR ARBITRAGEM

36.1. Serão dirimidas por arbitragem as controvérsias decorrentes ou relacionadas a este CONTRATO, inclusive quanto á sua interpretação ou execução, no que couber.

36.2. A arbitragem será instaurada e administrada pelo centro de Arbitragem da Câmara de Comércio Brasil Canadá (CAM-CCBC), conforme as regras de seu Regulamento, devendo se realizada no Brasil e em língua portuguesa, e aplicar o direito brasileiro, sendo vedado o juízo por equidade.

36.3. Poderá ser escolhida Câmara de Arbitragem diversa da definida na subcláusula acima, mediante comum acordo entre as PARTES.

36.4 Sem prejuízo da propositura da ação de execução específica prevista no artigo 7º da Lei nº 9.307/96, a PARTE que recusar a assinatura do compromisso arbitral, após devidamente intimada, incorrerá também na multa cominatória no valor de R$ 50.000,00 (cinquenta mil reais) por dia de atraso, até que cumpra efetivamente a obrigação.

36.5 O Tribunal Arbitral será composto por 3 (três) membros titulares e 3 (três) suplentes, cabendo a cada parte indicar um titular e um suplente, observado o Regulamento da CAM-CCBC

36.6. O terceiro árbitro e seu suplente serão escolhidos de comum acordo pelos dois titulares indicados pelas PARTES, devendo ter experiência comprovada na especialidade objeto da controvérsia.

36.7 A presidência do Tribunal Arbitral caberá ao terceiro árbitro.

36.8. Não havendo consenso entre os membros titulares escolhidos por cada PARTE, o terceiro árbitro e seu suplente serão indicados pela CAM-CCBC), observados os requisitos do item anterior.

36.9. A PARTE vencida no procedimento de arbitragem arcará com todos os custos do procedimento, incluindo os honorários dos árbitros.

36.10. Caso seja necessária a obtenção de medidas coercitivas ou de urgência antes da constituição do Tribunal Arbitral, ou mesmo durante o procedimento amigável de solução de divergências as PARTES poderão requerê-las diretamente ao Poder Judiciário.

36.11. As decisões do painel de arbitragem serão definitivas para o impasse e vincularão as PARTES. (São Paulo (Cidade), 2019)

b. Modelo de cláusula compromissória que envolva o Poder Público, constante do Regulamento da Câmara de Comércio Brasil-Canadá (CAM-CCBC):

V. CLÁUSULA PADRÃO ENVOLVENDO ADMINISTRAÇÃO PÚBLICA:

1- Qualquer disputa oriunda deste contrato ou com ele relacionada será definitivamente resolvida por arbitragem, de acordo com a Lei Federal nº 9.307/96.

1.1- A arbitragem será administrada pelo Centro de Arbitragem e Mediação da Câmara de Comércio Brasil-Canadá ("CAM/CCBC") e obedecerá às normas estabelecidas no seu Regulamento, incluindo-se as normas complementares aplicáveis aos conflitos que envolvem a Administração Pública, cujas disposições integram o presente contrato.

1.2- O tribunal arbitral será constituído por [um/três] árbitros, indicados na forma prevista no Regulamento do CAM/CCBC.

1.3- A arbitragem terá sede em [Cidade, Estado], Brasil.

1.4- O procedimento arbitral será conduzido em língua portuguesa.

> 1.5- O procedimento arbitral respeitará o princípio constitucional da publicidade, salvo em relação às informações relacionadas à disputa que, eventualmente, se classifiquem como de caráter sigiloso, nos termos da legislação aplicável. (CAM-CCBC, 2023)

Portanto, é recomendável que as cláusulas compromissórias inseridas nos contratos administrativos indiquem a sede e a instituição arbitral que administrará a arbitragem, que esta seja de direito, que seja processada em português e adote a publicidade.

Cláusulas compromissórias cheias e vazias

Ao ler referidos modelos de cláusula com o Poder Público, podemos analisar se constituem cláusulas cheias ou vazias.

Neste ponto, cabe lembrarmos dos conceitos de cláusula cheia e vazia e quais suas consequências.

- » A **cláusula compromissória cheia** é aquela que contém elementos necessários para se instaurar a arbitragem.
- » A **cláusula compromissória vazia** (ou em branco) não fornece elementos suficientes para se instaurar uma arbitragem.

A cláusula vazia não contém "as indicações para a nomeação de árbitros, a fim de instituir-se o juízo arbitral" (Carmona, 2004, p. 131).

> **IMPORTANTE!**
>
> Mesmo que seja vazia, a cláusula compromissória implica renúncia à jurisdição estatal e vincula as partes contratantes (Cahali, 2020).

Vejamos dois exemplos de cláusulas: o primeiro, de cláusula cheia, e o segundo, de cláusula vazia.

Exemplo de cláusula cheia (Contrato X):
Toda e qualquer disputa decorrente do presente contrato será dirimida por arbitragem, a ser administrada pela CAM-FIEP, devendo ser escolhido o painel arbitral composto por três árbitros da lista da referida câmara.

Exemplo de cláusula vazia (Contrato Y):
Toda e qualquer disputa oriunda do presente contrato será resolvida por arbitragem.

Analisando as duas cláusulas, podemos deduzir que, surgindo um conflito sobre o contrato **X**, a parte interessada poderá requerer imediatamente a instauração da arbitragem na CAM-Fiep.

Já, no caso do contrato **Y**, surgindo um litígio, a parte interessada não terá como requerer a instauração da arbitragem, pois não há elementos que indiquem em que instituição será processada a arbitragem. A cláusula sequer indica se a arbitragem será institucional ou *ad hoc*.

Na hipótese do contrato **Y**, a parte terá de enviar uma correspondência à outra parte, para que esta compareça em dia, hora e local certos, para firmar um compromisso arbitral que possibilite a instauração da arbitragem. Sobre isso, vejamos o que rege o art. 6º da LA (Brasil, 1996):

> Não havendo acordo prévio sobre a forma de instituir a arbitragem, a parte interessada manifestará à outra parte sua intenção de dar início à arbitragem, por via postal

ou por outro meio qualquer de comunicação, mediante comprovação de recebimento, convocando-a para, em dia, hora e local certos, firmar o compromisso arbitral.

Se a parte convocada deixar de comparecer, a outra terá de propor uma ação judicial para lavrar o compromisso arbitral. Sobre isso, é importante atentarmos à redação do arts. 6º, parágrafo único, e 7º da LA:

> Art. 6º [...]
>
> Parágrafo único. Não comparecendo a parte convocada ou, comparecendo, recusar-se a firmar o compromisso arbitral, poderá a outra parte propor a demanda de que trata o art. 7º desta Lei, perante o órgão do Poder Judiciário a que, originariamente, tocaria o julgamento da causa.
>
> Art. 7º Existindo cláusula compromissória e havendo resistência quanto à instituição da arbitragem, poderá a parte interessada requerer a citação da outra parte para comparecer em juízo a fim de lavrar-se o compromisso, designando o juiz audiência especial para tal fim.
>
> § 1º O autor indicará, com precisão, o objeto da arbitragem, instruindo o pedido com o documento que contiver a cláusula compromissória.
>
> § 2º Comparecendo as partes à audiência, o juiz tentará, previamente, a conciliação acerca do litígio. Não obtendo sucesso, tentará o juiz conduzir as partes à celebração, de comum acordo, do compromisso arbitral.
>
> § 3º Não concordando as partes sobre os termos do compromisso, decidirá o juiz, após ouvir o réu, sobre seu conteúdo, na própria audiência ou no prazo de dez dias, respeitadas as disposições da cláusula compromissória e atendendo ao disposto nos arts. 10 e 21, § 2º, desta Lei.
>
> § 4º Se a cláusula compromissória nada dispuser sobre a nomeação de árbitros, caberá ao juiz, ouvidas as partes,

estatuir a respeito, podendo nomear árbitro único para a solução do litígio.

§ 5º A ausência do autor, sem justo motivo, à audiência designada para a lavratura do compromisso arbitral, importará a extinção do processo sem julgamento de mérito.

§ 6º Não comparecendo o réu à audiência, caberá ao juiz, ouvido o autor, estatuir a respeito do conteúdo do compromisso, nomeando árbitro único.

§ 7º A sentença que julgar procedente o pedido valerá como compromisso arbitral. (Brasil, 1996)

A ação do art. 7º é um procedimento especial previsto na LA justamente com a finalidade de suprir lacunas de uma cláusula compromissória vazia. Seu objeto é a obtenção do compromisso arbitral (Cahali, 2020). Lembre-se: essa ação não confere ao Poder Judiciário a competência para julgar o mérito da causa.

Com a inicial, o autor deverá juntar o comprovante da notificação do art. 6º da LA. Processado o feito, caso julgado procedente o pedido, a sentença produzirá a mesma eficácia do compromisso arbitral, com natureza constitutiva (Carmona, 2004) e permitindo a instauração da arbitragem.

Perceba que a necessidade de ajuizamento da demanda indicada no art. 7º da LA é incongruente com a convenção arbitral. Afinal, se as partes desejam que eventual conflito seja dirimido por arbitragem, devem primar para que não seja necessária referida demanda. Todavia, é imprescindível dela se utilizar quando a cláusula é vazia e a parte contrária apresenta resistência em firmar o compromisso.

Por isso, é fundamental elaborar cláusulas adequadas e que não contenham lacunas, evitando-se problemas em iniciar a arbitragem.

Também é bom lembrar que a ação do art. 7º da LA só é necessária se realmente a cláusula compromissória não contiver os elementos mínimos para a instauração da arbitragem, nos termos do Enunciado n. 93 da II Jornada Prevenção e Solução Extrajudicial de Litígios, *verbis*:

> A ação prevista pelo art. 7º da Lei n. 9.307/1996 somente deve ser proposta quando a cláusula compromissória não for suficiente para a instauração da arbitragem. Sendo possível instituir a arbitragem, competirá aos árbitros colmatar lacunas e/ou solucionar defeitos da convenção de arbitragem. (CJF, 2021, p. 10)

Relativamente às cláusulas compromissórias dos contratos administrativos, as procuradorias dos entes públicos devem elaborar modelos de cláusulas compromissórias que sejam suficientes à instauração da arbitragem em caso de litígio, evitando delongas para iniciar o procedimento. Isso também é de interesse do particular que contrata com a Administração Pública.

Voltando às cláusulas transcritas nos itens a e b da Seção 2.4.1, podemos constatar que são cheias, permitindo o início da arbitragem. Contudo, convém anotar que o item 36.3 da cláusula da alínea 1, do Contrato de Concessão dos Serviços de Modernização, Gestão, Operação e Manutenção do Complexo do Pacaembu, deixa margem para interpretações dúbias, sendo recomendável evitar redações desse tipo.

▌Cláusulas patológicas

Quando uma cláusula compromissória é dúbia, imprecisa, ininteligível, ilógica, confusa, diz-se que é *patológica*. Tamanha é a deformidade da cláusula que ela dificulta ou inviabiliza a instauração da arbitragem. Veja o seguinte exemplo:

> Toda e qualquer disputa oriunda no presente contrato será dirimida por arbitragem, devendo ser árbitro o juiz da Vara Cível do Rio de Janeiro.

Nesse modelo, há um defeito intransponível: a arbitragem não pode estar vinculada ao Poder Judiciário, uma vez que juízes nem mesmo têm permissão para serem árbitros, conforme o art. 95, parágrafo único, inciso I, da CF (Brasil, 1988).

Portanto, a cláusula é patológica, de modo que deve ser invalidada.

Há cláusulas patológicas que admitem "salvação". Aplicamos o denominado *favor arbitral* para evitar a invalidação, desde que não haja dúvida quanto à intenção das partes em submeter-se à arbitragem (Cahali, 2020). Do contrário, deve ser invalidada, já que a renúncia à jurisdição estatal deve ser interpretada restritivamente (Cahali, 2020).

Nas cláusulas compromissórias formadas com o Poder Público, devemos tomar o máximo de cuidado para afastar qualquer anomalia que comprometa sua validade. Afinal, se a Administração Pública realmente pretende levar conflitos de determinados contratos à arbitragem, deve primar pela clareza, objetividade e ausência de dúvida quanto à intenção de submeter o litígio à jurisdição privada.

Cláusulas escalonadas

As partes contratantes também podem – e é recomendável – firmar cláusulas escalonadas, que estabelecem duas ou mais formas de resolução do conflito. Por exemplo, as cláusulas MED-ARB e ARB-MED, sendo MED para mediação e ARB para arbitragem.

A cláusula MED-ARB determina que as partes recorram, primeiramente, à mediação. Caso ela não seja frutífera, será instaurado o procedimento arbitral.

A cláusula ARB-MED prevê a mediação após instaurada a arbitragem, que será suspensa enquanto se aguarda a tentativa de consenso.

As cláusulas escalonadas são recomendadas em contratos de longa duração, como obras de infraestrutura decorrentes de parcerias público-privadas (Cahali, 2020).

Inclusive, caso tenha convencionado cláusula MED-ARB antes de requerer a instauração da arbitragem, a parte deve comparecer à reunião de mediação, conforme o art. 2º, parágrafo 1º, da Lei n. 13.140, de 26 de junho de 2015 – Lei de Mediação (Brasil, 2015c). No caso de ser instaurada a arbitragem sem observância prévia da tentativa de mediação, o árbitro deverá suspender o processo até o implemento dessa condição. É o que prevê o art. 24 da Lei de Mediação (Brasil, 2015c).

A seguir, citamos alguns exemplos, o primeiro do Procedimento Arbitral n. 82/2020 e o segundo do Procedimento Arbitral n. 23.002/2017, ambos da Procuradoria-Geral do Estado de São Paulo:

> As Partes se comprometem a buscar solução amigável para qualquer Controvérsia surgida ao longo da execução deste Contrato. Em caso de Controvérsia, representantes das partes se reunirão, dentro de 10 (dez) dias úteis contados da notificação de qualquer uma das Partes à outra, estabelecendo a Controvérsia, com vistas a solucioná-la. Caso a reunião não ocorra ou as Partes não cheguem a um consenso em até 10 (dez) dias úteis após a realização da reunião, qualquer uma delas poderá solicitar a formação de um Tribunal Arbitral, quando não for cabível

prévia submissão da questão à Comissão Técnica, nos termos da Cláusula Quinquagésima Terceira, ou quando a Parte optar por não utilizá-la. (São Paulo, 2020)

Se surgir uma controvérsia entre as Partes com relação ao desempenho do Contrato, e não houver nenhum DB em vigor, seja por causa da expiração da nomeação do DB ou outro motivo: [...] (b) a disputa pode ser diretamente apresentada à arbitragem nos termos da Subcláusula 46.5 das Condições Gerais. Se o Contratante ou Contratada não ficarem satisfeitos com a decisão do Mediador ou se o Mediador deixar de emitir sua decisão dentro de vinte e oito dias após ter sido notificado da questão, tanto o Contratante quanto à Contratada poderão, dentro de cinquenta e seis dias da submissão da questão, enviar notificação à outra parte, com cópia informando ao Mediador, se sua intenção início a um procedimento arbitral conforme disposto a seguir, com relação ao assunto em litígio, e nenhuma arbitragem a esse respeito poderá ser iniciada a menos que essa notificação seja enviada. (São Paulo, 2017)

Há, ainda, as cláusulas escalonadas que preveem o *dispute board*, um comitê de resolução de disputas formado "para acompanhar a execução de um contrato de longa duração ou de execução diferida" (Cahali, 2020, p. 53).

Os *dispute boards*, ou comitês de resolução de disputas, surgiram por ocasião da construção do Eisenhower Tunnel, no estado de Colorado, nos Estados Unidos (anos 1970), sendo utilizados para solução de conflitos surgidos durante a execução de contratos da indústria da construção civil. Trata-se de "uma junta, geralmente formada por três profissionais (dois engenheiros e um advogado), nomeada usualmente no momento da celebração do contrato, e que atuará na prevenção e composição de conflitos surgidos durante a execução do ajuste" (Pereira, 2015, p. 11).

As decisões do comitê podem ou não ter efeito vinculante entre as partes e, se houver efeito vinculante, ele pode ser imediato ou depois de escoado determinado prazo (Pereira, 2015).

Para deixar mais clara a finalidade dos *dispute boards*, que, segundo Pereira (2015), constituem uma forma intracontratual de resolução de conflitos, vale destacar a lição desse autor:

> Assim, o modelo permite que eventuais disputas que surjam no decorrer no contrato sejam solucionadas por um grupo que, além de conhecer a fundo o projeto e suas peculiaridades, possui conhecimentos tanto em relação à área técnica da Engenharia quanto no que tange ao ordenamento jurídico vigente.
>
> Como a junta acompanha o contrato desde sua gênese, tende a haver menor assimetria de informação entre as partes da avença e os decisores de eventual conflito que surja no curso de sua execução, favorecendo a construção de soluções mais adequadas às finalidades do contrato e mais concertadas com os interesses das partes, compatibilizando-os da melhor forma possível, o que tende a produzir decisões de maior aceitação pelas partes. (Pereira, 2015, p. 15)

Logo, poderá haver, em um contrato administrativo, uma cláusula compromissória que preveja, de modo escalonado, o comitê de resolução de disputas e a arbitragem.

2.4.2 Compromisso arbitral

A arbitragem com o Poder Público pode ser uma opção não só decorrente de cláusula compromissória, mas também de compromisso arbitral. Da mesma forma que a cláusula compromissória, o compromisso arbitral gera os efeitos negativo e positivo que acabamos de ver.

Lembremos que o compromisso arbitral é o instrumento pelo qual duas ou mais pessoas físicas ou jurídicas, diante de um conflito instaurado entre elas, decorrente de uma relação patrimonial disponível, convencionam que a controvérsia será resolvida por arbitragem. "Trata-se de verdadeiro negócio jurídico de direito material que expressa a renúncia à atividade jurisdicional do Estado" (Figueira Junior, 2019, p. 191).

O compromisso pode ser judicial ou extrajudicial, nos termos do art. 9º da Lei de Arbitragem, a qual também estabelece, nos parágrafos 1º e 2º do art. 9º, que o compromisso judicial é feito por termo nos autos, perante o juízo ou tribunal e o compromisso extrajudicial deve ser escrito, assinado por duas testemunhas, ou feito por instrumento público (Brasil, 1996).

São elementos obrigatórios do compromisso arbitral, de acordo com o art. 10 da Lei de Arbitragem:

> Art. 10. [...]
>
> I – o nome, profissão, estado civil e domicílio das partes;
>
> II – o nome, profissão e domicílio do árbitro, ou dos árbitros, ou, se for o caso, a identificação da entidade à qual as partes delegaram a indicação de árbitros;
>
> III – a matéria que será objeto da arbitragem; e
>
> IV – o lugar em que será proferida a sentença arbitral.
> (Brasil, 1996)

O art. 11 da LA elenca os elementos não obrigatórios:

> Art. 11. [...]
>
> I – local, ou locais, onde se desenvolverá a arbitragem;

II – a autorização para que o árbitro ou os árbitros julguem por equidade, se assim for convencionado pelas partes;

III – o prazo para apresentação da sentença arbitral;

IV – a indicação da lei nacional ou das regras corporativas aplicáveis à arbitragem, quando assim convencionarem as partes;

V – a declaração da responsabilidade pelo pagamento dos honorários e das despesas com a arbitragem; e

VI – a fixação dos honorários do árbitro, ou dos árbitros. (Brasil, 1996)

Não há qualquer restrição legal de que o Poder Público convencione a arbitragem após surgido o litígio (Cahali, 2020), conforme o caso Compagas, já abordado no Capítulo 1.

É também nesse sentido, o Enunciado n. 2 da I Jornada Prevenção e Solução Extrajudicial de Litígios: "Ainda que não haja cláusula compromissória, a Administração Pública poderá celebrar compromisso arbitral" (CJF, 2016).

O art. 6º, *caput* e parágrafo 2º, do Decreto Federal n. 10.025 (Brasil, 2019a) permite que o compromisso arbitral seja firmado pela Administração Pública federal independentemente de prévia cláusula compromissória anteriormente inserida em contrato administrativo ou em aditivo contratual. Regra semelhante é prevista no Decreto Estadual n. 55.996 (Rio Grande do Sul, 2021), art. 4º, parágrafo 4º.

Portanto, a ausência de cláusula compromissória no edital de licitação ou no contrato não impedem que a Administração e o particular convencionem o compromisso arbitral em momento posterior. "Se o legislador possibilitou à Administração tanto a cláusula arbitral, como o compromisso arbitral, sem colocar nenhuma condição para esta última, não é lícito ao intérprete adicionar à norma conteúdo nela não disposto" (Tonin, 2019, p. 276).

Cabe lembrarmos que o art. 6º do Decreto n. 10.025/2019 determina: "Na hipótese de ausência de cláusula compromissória, a Administração Pública federal, para decidir sobre a celebração do compromisso arbitral, avaliará previamente as vantagens e as desvantagens da arbitragem no caso concreto" (Brasil, 2019a). Essa previsão está em consonância com o princípio da eficiência administrativa, que deve ser observado quando a Administração Pública opta pela utilização da arbitragem como método de solução de conflitos já na elaboração do edital. Mas é válido que haja disposição legal específica para a convenção na forma de compromisso arbitral.

Por fim, são hipóteses de extinção do compromisso arbitral, contempladas no art. 12 da LA:

> Art. 12. Extingue-se o compromisso arbitral:
>
> I – escusando-se qualquer dos árbitros, antes de aceitar a nomeação, desde que as partes tenham declarado, expressamente, não aceitar substituto;
>
> II – falecendo ou ficando impossibilitado de dar seu voto algum dos árbitros, desde que as partes declarem, expressamente, não aceitar substituto; e
>
> III – tendo expirado o prazo a que se refere o art. 11, inciso III, desde que a parte interessada tenha notificado o árbitro, ou o presidente do tribunal arbitral, concedendo-lhe o prazo de dez dias para a prolação e apresentação da sentença arbitral. (Brasil, 1996)

> **Para saber mais**
>
> No artigo indicado a seguir, a autora aborda com clareza e percuciência as teorias acerca da arbitrabilidade objetiva nas causas de interesse da Administração Pública.
> DEUS, A. R. S. de. Arbitrabilidade objetiva e Administração Pública: quais matérias podem ser arbitradas? **Revista Brasileira de Arbitragem**, v. 18, n. 72, p. 10-46, out.-dez., 2021.

Síntese

Neste capítulo, apresentamos os conceitos de arbitrabilidade subjetiva e objetiva e constatamos que um conflito patrimonial disponível envolvendo a Administração Pública é provido de tais atributos.

Além disso, discutimos que a arbitragem pode acontecer sob a organização de uma câmara arbitral ou órgão institucional, ou o próprio árbitro escolhido pelas partes pode organizar o procedimento arbitral (arbitragem *ad hoc*).

Ademais, explicamos que é possível estabelecer o procedimento arbitral antes do litígio existir ou depois, por meio da cláusula compromissória e compromisso arbitral, respectivamente. Analisamos também as cláusulas compromissórias, que podem ser cheias, quando presentes os elementos necessários para se instaurar a arbitragem, ou vazias, quando não têm esses elementos.

Por fim, tratamos das chamadas *cláusulas escalonadas*, que preveem mais de um modo alternativo de resolução de conflitos, e as peculiaridades do compromisso arbitral.

Figura 2.1 – Sinopse do capítulo

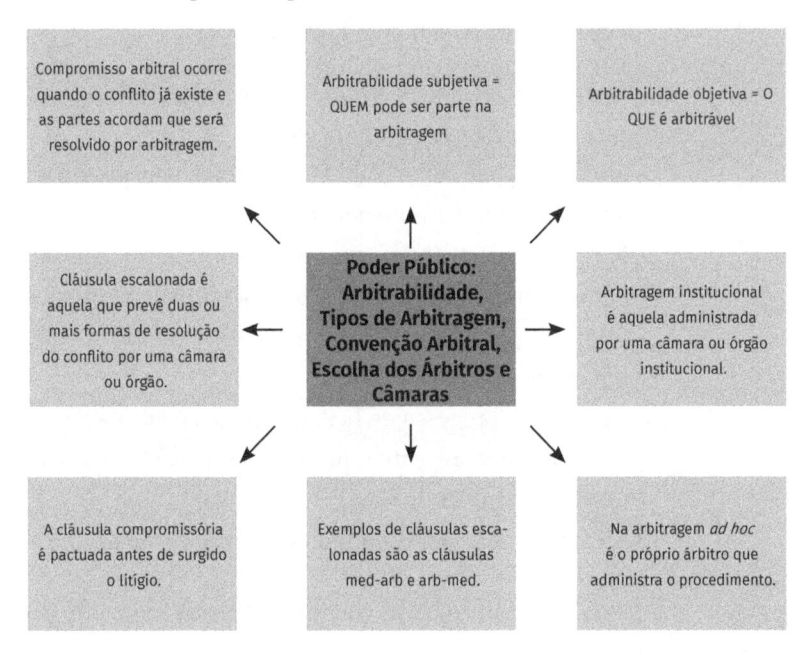

```
Compromisso arbitral ocorre        Arbitrabilidade subjetiva =      Arbitrabilidade objetiva = O
quando o conflito já existe e      QUEM pode ser parte na           QUE é arbitrável
as partes acordam que será         arbitragem
resolvido por arbitragem.

Cláusula escalonada é              Poder Público:                   Arbitragem institucional
aquela que prevê duas ou           Arbitrabilidade,                 é aquela administrada
mais formas de resolução           Tipos de Arbitragem,             por uma câmara ou órgão
do conflito por uma câmara         Convenção Arbitral,              institucional.
ou órgão.                          Escolha dos Árbitros e
                                   Câmaras

A cláusula compromissória          Exemplos de cláusulas esca-      Na arbitragem ad hoc
é pactuada antes de surgido        lonadas são as cláusulas         é o próprio árbitro que
o litígio.                         med-arb e arb-med.               administra o procedimento.
```

Questões para revisão

1) Assinale a alternativa correta sobre as causas que envolvem o Poder Público e podem ser submetidas à arbitragem:

   a. Conflitos que envolvam direitos patrimoniais indisponíveis.
   b. Todos os conflitos em que o Poder Público seja parte.
   c. Conflitos sobre a recomposição do equilíbrio econômico-financeiro do contrato administrativo.
   d. Conflitos sobre direitos que admitam transação.
   e. Conflitos relativos a atos de império da Administração Pública.

2) Assinale a alternativa correta sobre a escolha das instituições de arbitragem pelo Poder Público:

a. Deve ser realizado procedimento de inexigibilidade de licitação para sua contratação.
b. A câmara pode ser escolhida livremente pelo gestor, de acordo com a conveniência e oportunidade.
c. É recomendável que seja previamente realizado um cadastramento de câmaras que detenham requisitos mínimos para administrarem processos arbitrais que envolvam o Poder Público.
d. Deve haver processo de licitação para a contratação da câmara que apresente a proposta mais vantajosa para a Administração Pública.
e. A câmara pode ser escolhida pela concessionária.

3) Assinale a alternativa correta sobre as convenções arbitrais:

a. O compromisso arbitral não é uma opção cabível para levar conflitos já existentes entre a Administração Pública e particulares à arbitragem.
b. Não são admitidas cláusulas escalonadas nos contratos administrativos.
c. Cláusulas vazias inviabilizam completamente a arbitragem.
d. As cláusulas escalonadas são formas de estimular as partes contratantes a resolver seus conflitos consensualmente.
e. É obrigatória a previsão de cláusulas compromissórias nos contratos administrativos.

4) É possível iniciar uma arbitragem com o Poder Público sem a respectiva previsão em contrato administrativo?

5) Por que não é permitida a arbitragem de equidade com a Administração Pública?

Questão para reflexão

1) Após regular licitação, a Administração Pública do Estado X firma contrato de concessão de rodovias com a empresa Y pelo prazo de 20 anos. No quinto ano do contrato, diante de inexecução grave do objeto contratual, o Estado X aplica uma sanção de declaração de inidoneidade. Caso a empresa discorde da sanção, terá jurisdição um tribunal arbitral ou o Poder Judiciário?

III

Conteúdos do capítulo:

» Funções do advogado público antes, durante e após a arbitragem.
» Cadastramento das câmaras, escolha dos árbitros e o dever de revelação.
» Procedimento com sede no Brasil e em língua portuguesa.

Após o estudo deste capítulo, você será capaz de:

1. compreender a função, a atuação e as atividades do advogado público na orientação pela convenção de arbitragem;
2. entender as peculiaridades relacionadas à escolha dos árbitros e das câmaras para julgar e administrar arbitragens com o Poder Público, bem como os custos da arbitragem;
3. identificar aspectos inerentes à arbitragem com o Poder Público.

Peculiaridades da arbitragem com o Poder Público

Neste momento da leitura, você já compreendeu que o Estado é capaz de participar como parte em uma arbitragem, desde que o objeto do litígio seja patrimonial disponível. Também reconhece alguns exemplos práticos de matérias arbitráveis.

Então, podemos seguir e abordar algumas peculiaridades que precisam ser dominadas no que diz respeito à arbitragem que tem como parte a Administração Pública direta ou indireta.

Analisaremos a atuação do advogado público na criação de uma convenção arbitral, na orientação que ele confere ao gestor público, bem como em seu assessoramento jurídico e nas representações judicial e extrajudicial do Poder Público.

Em seguida, verificaremos como ocorre a escolha das câmaras e dos árbitros, os custos da arbitragem e as particularidades da arbitragem com o Poder Público.

Como afirma Salles (2011, p. 261), em alguns pontos, as disposições da Lei n. 9.307/1996, a Lei de Arbitragem, "encontram limitações por irem de encontro ao regime de direito público que deve reger as relações do Estado".

3.1 O papel do advogado público

Cabe aos advogados públicos a representação judicial e extrajudicial dos entes públicos, bem como a consultoria e o assessoramento do Poder Executivo. Sobre isso, veja os arts. 131 e 132 da Constituição Federal (Brasil, 1988).

Nas esferas federal, estadual e municipal, os advogados públicos exercem a defesa dos entes públicos em juízo e fora dele, o que se estende aos processos arbitrais. São os advogados da União, os procuradores de estados e do Distrito Federal, os procuradores municipais e fazendários.

O papel do advogado público é de extrema importância antes, durante e após a arbitragem, especificamente nos seguintes pontos:

- » análise da adequação da arbitragem para resolver determinados conflitos;
- » assessoramento na formulação do edital de licitação;
- » elaboração da cláusula compromissória;
- » escolha e cadastramento das instituições arbitrais;
- » escolha dos árbitros;
- » análise da conveniência do compromisso arbitral em casos nos quais não haja cláusula compromissória prévia;
- » defesa do ente público nos procedimentos arbitrais;
- » cumprimento da sentença arbitral.

Alguns contratos firmados pela Administração Pública devem necessariamente conter cláusulas compromissórias. Isso porque, nos pactos que envolvem altos valores, frequentemente há financiamento estrangeiro e, consequentemente, exigências de que as controvérsias sejam resolvidas por meio da jurisdição privada. Por exemplo, quando o Banco Internacional para Reconstrução e Desenvolvimento (Bird) financia aquisições, há recomendação de que a arbitragem seja utilizada como método de resolução de disputas (Bird, 2004).

Quando essa recomendação inexiste, a Administração Pública verifica a conveniência da opção pela arbitragem. Para tanto, é imprescindível a participação da advocacia pública, preferencialmente de corpo de advogados públicos que tenham conhecimento na área. Estes devem analisar a eficiência da escolha do gestor, aferindo "a vantajosidade de uma cláusula compromissória e analisar as razões que levariam a Administração Pública a ativamente adotar a arbitragem" (Boeing; Klein, 2021, p. 564).

A Advocacia-Geral da União (AGU) instituiu o Núcleo Especializado em Arbitragem (NEA) por meio da Portaria n. 320, de 13 de junho de 2019 (Brasil, 2019c).

O NEA é responsável por atividades de consultoria e assessoramento jurídico, bem como contencioso arbitral de que a União seja parte ou interessada.

Com o crescimento da participação do Poder Público em arbitragens, é essencial que os órgãos de advocacia pública se organizem de modo semelhante para atender proficuamente esse setor, formando e capacitando advogados públicos para atuarem em processos arbitrais. Como já ressaltamos, a arbitragem é distinta do processo judicial e é fundamental que os advogados que nela atuem estejam aptos.

3.2 Cadastramento das câmaras

Alguns instrumentos normativos estabelecem que, nas arbitragens institucionais – o que, como vimos, ocorre na maioria dos casos –, as câmaras arbitrais são previamente cadastradas, a fim de que, no momento oportuno, a parte interessada possa escolher a instituição e requerer a instauração da arbitragem.

Como o Poder Público deve primar pela impessoalidade, princípio previsto no art. 37 da CF, não cabe ao gestor escolher a câmara a seu bel prazer (Brasil, 1988). O cadastramento prévio, por isso, foi uma opção apropriada para a seleção de câmaras.

O Poder Público deve dar ampla publicidade à criação do cadastro de câmaras interessadas em administrar arbitragens de que seja parte.

Podem ser estabelecidos requisitos mínimos para que a instituição integre o cadastro, tais como: tempo mínimo de constituição da câmara, sede no Brasil, número mínimo de arbitragens administradas; lista de árbitros que detenham *expertise* no tema de julgamento; regulamento ou regras específicas que contemplem a necessária publicidade dos procedimentos e outras regras compatíveis com a participação do Poder Público nas arbitragens.

Além do cumprimento dos requisitos mínimos, é prudente que as instituições apresentem certidões negativas de débitos na Fazenda Pública respectiva.

Vejamos o que dispõem os decretos estaduais que regulamentam a escolha das câmaras arbitrais por meio do cadastramento. O Decreto n. 46.245/2018, do Estado do Rio de Janeiro determina que:

> Art. 14. **O órgão arbitral institucional, nacional ou estrangeiro, deverá ser previamente cadastrado junto ao Estado do Rio de Janeiro e atender aos seguintes requisitos:**
>
> I – disponibilidade de representação no Estado do Rio de Janeiro;
>
> II – estar regularmente constituído há, pelo menos, cinco anos;
>
> III – estar em regular funcionamento como instituição arbitral;
>
> IV – ter reconhecida idoneidade, competência e experiência na administração de procedimentos arbitrais, com a comprovação na condução de, no mínimo, quinze arbitragens no ano calendário anterior ao cadastramento.
>
> § 1º Caberá à Procuradoria Geral do Estado do Rio de Janeiro cadastrar os órgãos arbitrais institucionais, observados os requisitos previstos neste artigo.
>
> § 2º O cadastramento a que se refere o caput não se sujeita a prazo certo e determinado, podendo qualquer

órgão arbitral institucional, a qualquer tempo, postular o seu cadastramento perante o Estado do Rio de Janeiro.

§ 3º Considera-se representação a existência de local apropriado, que funcione como protocolo para recebimento de peças e documentos da arbitragem.

§ 4º A disponibilidade da representação compreende o oferecimento, sem custo adicional para as partes, dos serviços operacionais necessários para o regular desenvolvimento da arbitragem, tais como local para realização de audiências, e secretariado. (Rio de Janeiro, 2018, grifo nosso)

O Decreto n. 59.963/2020 do Município de São Paulo dispõe que:

Art. 17. **O cadastramento de câmaras arbitrais consiste na criação de uma lista referencial das entidades que atendam requisitos mínimos para permitir a administração de procedimentos arbitrais envolvendo a Administração Pública Municipal Direta e Indireta, nos termos do artigo 19 deste decreto.**

Art. 18. A criação do cadastro das câmaras arbitrais se efetivará mediante portaria do Procurador Geral do Município, contendo as regras aplicáveis e os requisitos exigidos.

Parágrafo único. A inclusão no cadastro referido no caput deste artigo não gera qualquer direito subjetivo de escolha nos contratos celebrados pela Administração Pública Municipal Direta e Indireta.

Art. 19. Poderá ser incluída no cadastro da Procuradoria Geral do Município a câmara arbitral, nacional ou estrangeira, que atender ao menos aos seguintes requisitos:

I – apresentar espaço disponível para a realização de audiências e serviços de secretariado, sem custo adicional às partes, no Município de São Paulo;

II – estar regularmente constituída há, pelo menos, três anos;

III – possuir reconhecida idoneidade, competência e experiência na administração de procedimentos arbitrais;

IV – possuir regulamento próprio, disponível em língua portuguesa.

§ 1º O Procurador Geral do Município poderá, mediante portaria, estabelecer critérios adicionais para o cadastramento de câmaras arbitrais, bem como criar mecanismos de avaliação e exclusão do cadastro.

§ 2º Enquanto o cadastramento da Procuradoria Geral do Município não estiver disponível, poderá ser utilizado como referência o cadastro de outras Advocacias Públicas, como o da Procuradoria Geral do Estado de São Paulo ou da Advocacia-Geral da União. (São Paulo, 2020, grifo nosso)

Outros decretos preveem um credenciamento de instituições arbitrais, como o Decreto Federal n. 10.025/2019:

Art. 10. **O credenciamento da câmara arbitral será realizado pela Advocacia-Geral da União e dependerá do atendimento aos seguintes requisitos mínimos**:

I – estar em funcionamento regular como câmara arbitral há, no mínimo, três anos;

II – ter reconhecidas idoneidade, competência e experiência na condução de procedimentos arbitrais; e

III – possuir regulamento próprio, disponível em língua portuguesa.

§ 1º O credenciamento de que trata o caput consiste em cadastro das câmaras arbitrais para eventual indicação futura em convenções de arbitragem e não caracteriza vínculo contratual entre o Poder Público e as câmaras arbitrais credenciadas.

§ 2º A Advocacia-Geral da União disciplinará a forma de comprovação dos requisitos estabelecidos no caput e poderá estabelecer outros para o credenciamento das câmaras arbitrais.

Art. 11. A convenção de arbitragem poderá estipular que a indicação da câmara arbitral que administrará o procedimento arbitral será feita pelo contratado, dentre as câmaras credenciadas na forma prevista no art. 10.

§ 1º A Administração Pública federal poderá, no prazo de quinze dias, manifestar objeção à câmara escolhida, hipótese em que a parte que solicitou a instauração da arbitragem indicará outra câmara credenciada, no prazo de quinze dias, contado da data da comunicação da objeção.

§ 2º A indicação da câmara arbitral escolhida e a sua eventual objeção serão feitas por correspondência dirigida à outra parte, ainda que a cláusula compromissória estabeleça que esta escolha será promovida logo após a celebração do contrato de parceria.

§ 3º A câmara arbitral indicada poderá ser substituída antes do início da arbitragem, desde que com a anuência de ambas as partes, independentemente da celebração de termo aditivo ao contrato de parceria. (Brasil, 2019a, grifo nosso)

O Decreto n. 55.996/2021 do Estado do Rio Grande do Sul dispõe que:

Art. 10. **A Procuradoria-Geral do Estado credenciará os órgãos arbitrais institucionais que se habilitem a ser indicados a administrar procedimentos arbitrais envolvendo a Administração Pública Estadual Direta e Indireta mediante procedimento que deverá verificar o cumprimento dos seguintes requisitos mínimos:**

I – estar em funcionamento regular como órgão arbitral há, no mínimo, três anos;

II – ter reconhecidas idoneidade, competência e experiência na condução de procedimentos arbitrais; e

III – possuir regulamento próprio, disponível em língua portuguesa.

Parágrafo único. O credenciamento de que trata o "caput" deste artigo consiste no cadastro dos órgãos arbitrais para eventual indicação futura em convenções de arbitragem e não caracteriza vínculo contratual entre o Poder Público e as entidades arbitrais credenciadas.

Art. 11. O procedimento de credenciamento, a criação de cadastro referencial de órgãos arbitrais institucionais, as regras aplicáveis, os requisitos exigidos, os critérios para a sua avaliação e exclusão, bem como outros aspectos inerentes à conformação e à regularidade do credenciamento serão definidos em Resolução do Procurador-Geral do Estado. (Rio Grande do Sul, 2021, grifo nosso)

O Decreto n. 64.356/2019 do Estado de São Paulo dispõe que:

Art. 13. **O cadastramento de câmaras arbitrais consiste na criação de uma lista referencial das entidades que cumprem requisitos mínimos para serem indicadas para administrar procedimentos arbitrais envolvendo a Administração Pública direta e suas autarquias.**

Art. 14. A criação do cadastro das câmaras arbitrais se efetivará mediante resolução do Procurador Geral do Estado, contendo as regras aplicáveis e os requisitos exigidos.

Parágrafo único. A inclusão no cadastro referido no "caput" não gera qualquer direito subjetivo de escolha para as câmaras arbitrais nos instrumentos obrigacionais celebrados pela Administração Pública direta e suas autarquias.

Art. 15. Poderá ser incluída no cadastro da Procuradoria Geral do Estado a câmara arbitral, nacional ou estrangeira, que atender ao menos aos seguintes requisitos:

I – apresentar espaço disponível para a realização de audiências e serviços de secretariado, sem custo adicional às partes, na cidade sede da arbitragem;

II – estar regularmente constituída há, pelo menos, cinco anos;

III – atender aos requisitos legais para recebimento de pagamento pela Administração Pública;

IV – possuir reconhecida idoneidade, competência e experiência na administração de procedimentos arbitrais com a Administração Pública.

Parágrafo único. O Procurador Geral do Estado poderá, mediante resolução, estabelecer critérios adicionais para o cadastramento de câmaras arbitrais, considerando a experiência decorrente de procedimentos arbitrais enfrentados, e criar mecanismo de avaliação e exclusão do cadastro. (São Paulo, 2019, grifo nosso)

Embora se valham de nomenclaturas diversas, os mencionados credenciamento e cadastramento têm regras semelhantes e a mesma finalidade: inclusão de câmaras arbitrais em uma lista que as habilita a administrarem determinados procedimentos arbitrais.

A nomenclatura cadastramento é mais coerente, até para se evitar confusões com o já conhecido credenciamento, que é hipótese de inexigibilidade de licitação utilizada quando há pluralidade de interessados em prestar um serviço ou fornecer um bem quando é possível a contratação, pela Administração Pública, de todos os interessados (Di Pietro, 2022).

Vale citar as palavras da administrativista Di Pietro (2022, p. 441) sobre o sistema do credenciamento:

> Embora não prevista expressamente no artigo 25 da Lei, constitui hipótese de inexigibilidade de licitação o credenciamento, que se configura como procedimento prévio à contratação quando haja pluralidade de interessados em prestar o serviço ou fornecer o bem; é hipótese de inexigibilidade, porque, havendo possibilidade de contratação de todos os interessados, a competição torna-se inviável; daí a aplicação do caput do art. 25; nesse procedimento, a própria Administração Pública estabelece o montante da remuneração, devendo ser assegurada igualdade de condições entre todos os contratados.

Feita a lista de instituições cadastradas, como é escolhida a câmara que será responsável por determinado processo arbitral?

Os decretos mencionados preveem fórmulas diferentes, ora estabelecendo que a escolha da câmara previamente cadastrada deve ser feita pelo contratado – Decreto Federal n. 10.025 (Brasil, 2019a) e Decreto Estadual n. 46.245 (Rio de Janeiro, 2018) –, ora pela parte requerente da arbitragem, como Decreto Estadual n. 64.356 (São Paulo, 2019), o Decreto Estadual n. 55.996 (Rio Grande do Sul, 2021) e o Decreto Municipal n. 59.963 (São Paulo, 2020).

Parece interessante que a câmara seja indicada pela parte requerente da instauração da arbitragem, devendo optar considerando a lista de instituições cadastradas, a qual deve constar permanentemente do *site* do governo ou do respectivo órgão de representação: Advocacia-Geral da União, procuradorias-gerais de estados e do Distrito Federal ou procuradorias municipais .

Convém anotarmos que a própria redação da Lei n. 14.133/2021 – Nova Lei de Licitações e Contratos Administrativos (NLLCA) – contempla critérios para a escolha do árbitro, no art. 154: "O processo de escolha dos árbitros, dos colegiados arbitrais e dos comitês de resolução de disputas observará critérios isonômicos, técnicos e transparentes" (Brasil, 2021a).

Assim, a isonomia, a tecnicidade e a transparência devem ser observadas tanto na escolha das câmaras (seu cadastramento) quanto na indicação dos árbitros.

É importante ressaltarmos que a relação entre a câmara, árbitros, o Poder Público e a outra parte não tem natureza contratual. Por isso não é o caso de licitação, tampouco de dispensa ou de inexigibilidade de licitação.

De fato, as atividades exercidas pelos árbitros e câmaras não se incluem naquelas reguladas pela Lei n. 8.666, de 21 de junho de 1993, conhecida como Lei de Licitações – LL (Brasil, 1993). A lei regula licitações e contratos relativos a obras, serviços, compras, alienações e locações da União, dos estados, do Distrito Federal e dos municípios.

Como obras, compras, alienações e locações são prontamente desconectadas da atividade dos árbitros e das câmaras, resta analisar se integram o conceito de serviço referido na lei. A resposta é negativa.

O art. 6º, inciso II, da LL define que *serviço* é a atividade pela qual a Administração obtém determinada utilidade, como "demolição, conserto, instalação, montagem, operação, conservação, reparação, adaptação, manutenção, transporte, locação de bens, publicidade, seguro ou trabalhos técnico-profissionais" (Brasil, 1993).

Como o árbitro tem a função de julgar o conflito, sua atividade não se enquadra na definição legal de serviço.

Nesse sentido também é o entendimento de Tonin (2019, p. 280): "é descabida a alegação de necessidade de licitação pública por parte da Administração a fim de definir a câmara arbitral ou o árbitro. Tal posição é totalmente alheia ao próprio sentido da arbitragem e à ideia de confiança depositada pelas partes na pessoa do árbitro para resolver o litígio". E também a posição de Moreira e Cruz (2022a, p. 255):

> Ora, na justa medida em que fornecem serviços singulares especializados, as câmaras não podem ser contratadas por meio de licitação. Trata-se de típica hipótese de ausência de critérios objetivos para a comparação. Como o fazer, de modo a permitir a seleção com objetividade? Tempo de funcionamento? Nome dos mediadores e árbitros? Preço? Integridade? Respeito? Como se constata com facilidade, esse mix de atributos permite concluir que a licitação para selecionar a câmara de mediação/arbitragem seria um desastre, agressor do interesse público. Uma coisa é certa, portanto: não cabe licitação para selecionar a câmara.

A arbitragem é jurisdição exercida pelos árbitros. Portanto, a relação é peculiar e não se caracteriza como contrato. Não há qualquer proibição na LA quanto à possibilidade de a Administração Pública realizar a escolha dos árbitros e câmaras nos termos da própria lei (Tonin, 2019).

3.3 A escolha dos árbitros

Tendo sido requerida a instauração da arbitragem na câmara arbitral escolhida, cabe às partes indicar o árbitro ou a árbitra.

Trata-se de um dos aspectos mais importantes da arbitragem. Afinal, o árbitro é, para o procedimento no qual é nomeado, "**juiz de fato e de direito**", como disposto no art. 18 da LA (Brasil, 1996, grifo nosso).

O árbitro, recordemos, deve ser capaz e deter a confiança das partes, cabendo a ele, no exercício de sua função, "proceder com **imparcialidade, independência, competência e discrição**", nos termos do art. 13, parágrafo 6º, da LA (Brasil, 1996, grifo nosso).

O art. 14 da LA prescreve que se aplicam aos árbitros as vedações descritas no CPC e que caracterizam impedimento e suspeição do juiz, de acordo com os arts. 144 e 145 do CPC (Brasil, 1996).

Vamos aprofundar um pouco as expressões *imparcialidade* e *independência*, que devem ser preservadas no início e durante todo o procedimento arbitral. A **independência** é verificada sob uma perspectiva objetiva: o árbitro não pode ter um vínculo profissional com uma das partes ou seu advogado, não pode ter interesse no conflito, tampouco dependência econômica, afetiva, moral ou social relativamente às partes ou a seus advogados. Já a **imparcialidade** é aferida subjetivamente. Por isso é mais difícil de detectar. Ela diz respeito ao estado de espírito do árbitro, a favor ou contrário a uma das partes ou tese.

Selma Lemes (2013, p. 233) ensina:

> A independência e a imparcialidade representam standards de comportamento. A independência é definida como a manutenção pelo árbitro, num plano de objetividade tal, que no cumprimento de seu mister não ceda a

pressões nem de terceiros nem das partes. A independência do árbitro está vinculada a critérios objetivos de verificação. Já a imparcialidade vincula-se a critérios subjetivos e de difícil aferição, pois externa um estado de espírito (state of mind).

Além dos parâmetros estabelecidos no CPC, há regramentos de *soft law*[*] que estabelecem padrões de comportamento na aferição da imparcialidade e da independência dos árbitros. Por exemplo, o *IBA Guidelines on Conflict on Interest in International Arbitration (IBA – International Bar Association)*, que consiste em um guia que aponta diretrizes e diversos exemplos de situações práticas que configuram, ou não, quebra da independência ou de imparcialidade do árbitro.

> **PARA SABER MAIS**
>
> Se você pretende aprofundar o tema, recomendamos que acesse o guia original:
> GUIDELINES on Conflicts of Interest in International Arbitration. International Bar Association, 23 out. 2014[**]. Disponível em: <https://www.ibanet.org/MediaHandler?id=e2fe5e72-eb14-4bba-b10d-d33dafee8918>. Acesso em: 16 jan. 2023.

---

[*] *Soft law* é expressão usada como referência a atos variados do direito internacional. No ramo da arbitragem, *soft law* são atos não emanados do Poder Legislativo (não obrigatórios), como: "protocolos, guias, standards, práticas, códigos de conduta e recomendações, elaborados por órgãos não estatais como associações profissionais, câmaras de comércio, instituições arbitrais e organismos supranacionais, destinados a regular questões atinentes ao processo arbitral" (Abbud, 2017, p. 5).

[**] No *site* do Comitê Brasileiro de Arbitragem, há uma tradução não oficial em português. Disponível em: <https://cbar.org.br/site/wp-content/uploads/2012/05/Guidelines-on-Conflicts-of-Interest-in-Intl-Arbitration-portuguese.pdf>. Acesso em: 16 jan. 2023.

Na arbitragem com o Poder Público, é comum que instrumentos normativos prevejam requisitos para a escolha dos árbitros, como é o caso do art. 2º da Portaria Normativa n. 42 da AGU (Brasil, 2022), que estabelece os seguintes atributos necessários ao profissional, sem prejuízo de outros previstos em legislação específica:

» gozo de plena capacidade civil;
» confiança das partes;
» conhecimento compatível com a natureza do contrato e do litígio;
» inexistência de relações com as partes ou com o litígio que caracterizem impedimento ou suspeição ou outras situações de conflito de interesses previstas nas diretrizes internacionais ou nas regras da instituição arbitral;
» não ser ocupante de cargo das carreiras jurídicas da AGU, da PGFN e da PGBC.

Repare que a portaria impõe que os árbitros tenham conhecimento compatível com a natureza do litígio, ou seja, capacidade técnica para julgar o conflito. Tal pressuposto é perfeitamente possível de ser previsto na norma e pode inclusive ser inserido na convenção arbitral. Aliás, naturalmente, o árbitro deve ter conhecimento na área do direito público e, mais especificamente, na área relativa ao contrato administrativo. Afinal, essa é uma das mais atrativas características da arbitragem: a *expertise*, o conhecimento especializado do árbitro. Inclusive, no art. 2º, parágrafo 1º, a portaria vai além e relaciona critérios para aferição do conhecimento do árbitro: formação profissional, área de especialidade, nacionalidade e idioma.

Ademais, no parágrafo 2º do mesmo artigo, a portaria permite que o NEA também considere critérios adicionais, a saber: disponibilidade, experiência pretérita como árbitro, número de indicações para árbitro pela União e perfil do indicado como árbitro pela contraparte.

A **competência** referida no art. 13, parágrafo 6º, da LA justamente se refere à capacidade técnica tanto para julgar o mérito do conflito quanto para exercer a atividade de árbitro, do ponto de vista processual e procedimental. Significa dizer que o profissional precisa estar afeito ao mundo da arbitragem. Deve conhecer os contornos, as regras, os mecanismos e as peculiaridades do processo arbitral.

A **discrição** também constitui dever do árbitro, mesmo que a arbitragem seja com o Poder Público e observe o princípio da publicidade (vide Seção 3.4). Já alertamos que a confidencialidade não é uma regra nem um princípio, mas uma vantagem da arbitragem. Trata-se de praxe usualmente estabelecida pelas partes. Nesse sentido, o árbitro tem o dever de sigilo em relação a fatos, documentos, provas, decisões e tudo o que disser respeito ao processo arbitral. Tal dever de sigilo permanece nas arbitragens com o Poder Público, ainda que de maneira mais amena.

Como veremos, a publicidade ínsita às arbitragens com a Administração Pública será realizada ou pela câmara ou pela própria Administração.

Vimos que é recomendável (e alguns instrumentos normativos assim preveem) que as arbitragens com o Poder Público sejam julgadas por painel (ou tribunal) arbitral composto de, no mínimo, três árbitros.

A própria convenção arbitral já pode incluir que cada parte indicará um árbitro, e os dois indicados escolhem o terceiro, que será o presidente do tribunal arbitral. Alguns regulamentos de câmaras dispõem dessa forma. Caso as partes não façam a indicação dos árbitros, a própria câmara assim o fará, por meio de sua diretoria ou de seu presidente.

Outra característica da arbitragem, prevista no art. 14, parágrafo 1º, da LA é o dever de revelação do árbitro: "As pessoas indicadas para funcionar como árbitro têm o dever de revelar, antes da aceitação da função, qualquer fato que denote dúvida justificada quanto à imparcialidade e independência" (Brasil, 1996).

Em suma, o dever de revelação respeita fatos sociais, familiares, profissionais, financeiros e outros que possam afetar a independência ou a imparcialidade do árbitro ao julgar, ou que possam causar às partes dúvida razoável com relação a esses atributos. Se, por um lado, um profissional indicado é sócio de um escritório de advocacia que presta assessoria a uma das partes, auferindo recursos financeiros, por isso deve renunciar à indicação.

Se, por outro lado, o árbitro já atuou em arbitragem na qual uma das partes estava envolvida, deve revelar esse fato. Caso as partes estejam de acordo, ele poderá ser nomeado. Logo, um fato pode ser revelado pelo árbitro e não caracterizar ruptura da independência ou imparcialidade.

Outro exemplo seria o de uma professora da disciplina de Direito Civil de uma universidade ser indicada como árbitra em um painel arbitral e verificar que já lecionou para o advogado de uma das partes. Se ela entender que necessita revelar o fato, não necessariamente isso ocasionará impugnação, mas é recomendado que seja declarado.

Vemos, portanto, que o dever de revelação impõe mais cuidado dos árbitros, das partes e dos advogados, comparado ao processo judicial. A parte pode recusar a indicação de um árbitro diante de uma revelação que não caracterize nenhuma das hipóteses de impedimento e suspeição. Caso isso aconteça, o árbitro se manifestará, renunciando à nomeação ou informando sua imparcialidade e independência. Se persistir a impugnação da parte, caberá à presidência da câmara decidir.

Lembremos que, além da recusa da parte, a independência e a imparcialidade do árbitro podem ser aquilatadas durante o curso do processo arbitral e, também, após a prolação da sentença arbitral na ação de que trata o art. 32, inciso II, da LA.

Com efeito, caso o árbitro deixe de revelar algum fato que poderia gerar dúvida quanto à sua imparcialidade ou independência pelas partes, a sentença poderá ser questionada em ação anulatória, sob fundamento no art. 32, inciso II, da LA. No entanto, a ausência do dever de revelação nem sempre acarreta nulidade da sentença arbitral. O caso analisado no parecer da Professora Selma Lemes, publicado na *Revista de Arbitragem e Mediação* (Lemes, 2013), mostra hipótese em que a ausência de revelação não maculou a sentença, já que o fato suscitado pela parte autora da ação anulatória não era capaz de afetar o julgamento imparcial e independente do árbitro.

Nas arbitragens com o Poder Público, os deveres do árbitro são os mesmos (inclusive os direitos!). A imparcialidade, a independência e a revelação devem ser observadas, além de outras exigências feitas na cláusula arbitral quanto aos atributos do profissional, já anteriormente mencionadas.

Ressaltamos mais um detalhe: no exercício de sua função, o árbitro é equiparado aos funcionários públicos para efeitos da legislação penal, conforme disciplina o art. 17 da LA.

3.4 Custos, publicidade, sede e idioma

Neste tópico, analisaremos algumas particularidades das arbitragens com o Poder Público quanto a custos, publicidade, sede da arbitragem e idioma a ser adotado.

Custos

Antes, vimos que as câmaras de arbitragem cobram a taxa de registro e a taxa de administração e que, frequentemente, as partes rateiam tais valores. Ainda, os árbitros têm direito ao recebimento de seus honorários, cujos valores são fixados nas tabelas das câmaras.

Caso a arbitragem seja *ad hoc*, o árbitro fixa o valor de seus honorários.

Nas arbitragens com o Poder Público, os decretos estaduais e federal que regulamentam a matéria estabelecem a responsabilidade pelo adiantamento das taxas de registro e de administração de maneira distinta.

O Decreto Federal n. 10.025/2019 determina que "as custas e as despesas relativas ao procedimento arbitral serão antecipadas pelo contratado e, quando for o caso, restituídas conforme deliberação final em instância arbitral" (Brasil, 2019a, art. 9º). Portanto, nas arbitragens que envolvam a Administração Pública federal nos setores portuário e de transporte rodoviário, ferroviário, aquaviário e aeroportuário, caberá ao contratado, ou seja, concessionário, subconcessionário, permissionário, arrendatário, autorizatário ou operador portuário, fazer frente aos custos da arbitragem, tendo direito à restituição caso saia vencedor ao final.

No Rio de Janeiro, o Decreto n. 46.245/2018 também dispõe que as despesas da arbitragem devem ser adiantadas pelo contratado (Rio de Janeiro, 2018).

É claro que esses valores serão levados em consideração quando da proposta do particular por ocasião da participação na licitação, já que os custos são consideráveis.

Por exemplo, um procedimento arbitral administrado pela Câmara de Arbitragem Empresarial (Camarb) com valor da causa de R$ 20.000.001,00 tem os seguintes custos, conforme a Tabela de Custas de 2019, ora vigente:

> Taxa de registro: R$ 5.000,00
> Taxa de administração: R$ 113.940,00
> Honorários de cada árbitro: R$ 173.160,00

Ainda segundo a Tabela de Custos da Camarb, se for tribunal arbitral, o valor dos honorários do presidente é acrescido em 15% sobre o valor de referência.

No Estado de São Paulo, o Decreto n. 64.356/2019 estabelece que as despesas com a realização da arbitragem serão adimplidas conforme o regulamento da câmara escolhida (São Paulo, 2019).

Caso não haja especificação na convenção de arbitragem, tampouco norma que estabeleça a parte responsável pelo adiantamento dos custos do procedimento, deve ser observado o regulamento da instituição escolhida ou as partes devem dispor sobre a questão na ata de missão (vide Capítulo 4).

Publicidade

As arbitragens têm como característica a confidencialidade. Não se trata de regra ou princípio, mas de um atributo comumente convencionado pelas partes e previsto nos regulamentos de câmaras.

Contudo, nas arbitragens com o Poder Público, a confidencialidade não é aplicável, eis que vige o princípio da publicidade dos atos da Administração Pública, na forma do art. 37 da CF/1998, regulamentado pela Lei n. 12.527/2011.

A própria LA prevê que a arbitragem que envolva a Administração Pública deve respeitar o princípio da publicidade (art. 2º, § 3º), o que também é explicitado no art. 152 da Lei n. 14.133/2021.

Assim, na arbitragem com o Poder Público, as partes não têm liberdade para estabelecer a confidencialidade. Os procedimentos arbitrais devem observar o princípio da publicidade, ressalvadas eventuais normas que estabeleçam sigilo, segredo industrial ou comercial.

Por exemplo, o art. 25 do Decreto Federal n. 7.724/2012, que regulamenta a Lei n. 12.527/2011, explicita hipóteses de classificação de informações em grau de sigilo:

> Art. 25. São passíveis de classificação as informações consideradas imprescindíveis à segurança da sociedade ou do Estado, cuja divulgação ou acesso irrestrito possam:
>
> I – pôr em risco a defesa e a soberania nacionais ou a integridade do território nacional;
>
> II – prejudicar ou pôr em risco a condução de negociações ou as relações internacionais do País;
>
> III – prejudicar ou pôr em risco informações fornecidas em caráter sigiloso por outros Estados e organismos internacionais;
>
> IV – pôr em risco a vida, a segurança ou a saúde da população;
>
> V – oferecer elevado risco à estabilidade financeira, econômica ou monetária do País;
>
> VI – prejudicar ou causar risco a planos ou operações estratégicos das Forças Armadas;
>
> VII – prejudicar ou causar risco a projetos de pesquisa e desenvolvimento científico ou tecnológico, assim como a sistemas, bens, instalações ou áreas de interesse estratégico nacional, observado o disposto no inciso II do caput do art. 6º;

VIII – pôr em risco a segurança de instituições ou de altas autoridades nacionais ou estrangeiras e seus familiares; ou

IX – comprometer atividades de inteligência, de investigação ou de fiscalização em andamento, relacionadas com prevenção ou repressão de infrações. (Brasil, 2012a)

Com relação aos documentos sigilosos, vale mencionar que a II Jornada Prevenção e Solução Extrajudicial de Litígios aprovou o Enunciado n. 89, com o seguinte teor: "Nas arbitragens envolvendo a Administração Pública, cabe à parte interessada apontar as informações ou documentos que entende sigilosos, indicando o respectivo fundamento legal que restringe sua publicidade" (CJF, 2021, p. 9).

A quem cabe promover a publicidade?

Há autores que entendem ser atribuição da própria Administração Pública promover a publicidade dos atos do processo arbitral; outros propõem que tal função deve ser realizada pela câmara arbitral.

O Enunciado n. 4 da I Jornada Prevenção e Solução Extrajudicial de Litígios especifica: "Na arbitragem, cabe à Administração Pública promover a publicidade prevista no art. 2º, § 3º, da Lei n. 9.307/1996, observado o disposto na Lei n. 12.527/2011, podendo ser mitigada nos casos de sigilo previstos em lei, a juízo do árbitro" (CJF, 2016).

O Decreto Estadual n. 64.356/2019 determina que cabe à PGE disponibilizar os atos do procedimento arbitral na internet (São Paulo, 2019)*.

---

* No *site* da PGE/SP, é possível consultar os procedimentos arbitrais que envolvem o Estado de São Paulo. Disponível em: <http://www.pge.sp.gov.br/Portal_PGE/Portal_Arbitragens/paginas/#team>. Acesso em: 16 jan. 2023.

Quais atos da arbitragem devem ser divulgados?

É pertinente que, no início do processo arbitral, as partes determinem o que será publicado e, surgindo controvérsias quanto a tal ponto, caberá ao árbitro decidir (Oliveira; Estefam).

O art. 13 do Decreto Estadual n. 46.245/2018, do Rio de Janeiro, prevê que os atos a serem tornados públicos são as petições, os laudos periciais e as decisões dos árbitros, devendo eventual interessado requerer a disponibilização dessas peças à Procuradoria-Geral do Estado (Rio de Janeiro, 2018).

Alguns regulamentos de câmaras também dispõem sobre a divulgação dos atos praticados no processo arbitral.

O item 12.2 do Regulamento de Arbitragem da Camarb preconiza que a secretaria da câmara divulgará em seu *site* a existência de procedimento arbitral com a participação da Administração Pública, a data de sua solicitação e o nome das partes (Camarb, 2017).

Já a Resolução n. 9 da Câmara de Conciliação, Mediação e Arbitragem Ciesp-Fiesp esclarece:

1. Será divulgado pela Secretaria da Câmara Ciesp/Fiesp em seu sítio na rede mundial de computadores (*site*): a existência do procedimento arbitral, a data do requerimento de Instauração da arbitragem, nome das Partes e número do procedimento.

2. Quaisquer informações adicionais somente serão prestadas a terceiros interessados, mediante consulta às Partes e ao Tribunal Arbitral, observando os ditames legais.

3. A Câmara fica autorizada, pelas partes e árbitros, a divulgar a sentença em seu *site*, suas publicações e materiais acadêmicos, salvo manifestação expressa de qualquer das Partes em sentido contrário.

4. Caso o processo arbitral esteja encerrado ou ainda não tenha sido instalado o Tribunal Arbitral, caberá ao Presidente da Câmara decidir sobre o requerimento de acesso a atos e conteúdo de processo arbitral que envolva a Administração Pública. (Ciesp-Fiesp, 2021)

Outro exemplo de disposição de *soft law* é o contido na Resolução Administrativa n. 15 da Câmara de Comércio Brasil-Canadá (CAM-CCBC, 2016), que remete as deliberações sobre a publicidade ao termo de arbitragem firmado pelas partes no início do procedimento.

Convém lembrarmos que publicidade não implica ausência de privacidade (Oliveira; Estefam). As audiências geralmente são restritas às partes, aos advogados, aos árbitros, aos secretários da câmara (se for o caso) e aos peritos.

Em decorrência da publicidade das arbitragens com o Poder Público, é possível acompanhar a jurisprudência arbitral nessa seara.

> **PARA SABER MAIS**
>
> É importante assistir a algumas audiências para entender como elas se desenvolvem na prática e identificar as diferenças com as audiências que ocorrem no Poder Judiciário. O ICSID disponibiliza vídeos de audiências de arbitragens não confidenciais em seu canal do YouTube.
>
> ICSID – International Centre for Settlement of Investment Disputes. Disponível em: <https://www.youtube.com/channel/UCaH9aUQlhYs-XrUX-TocSHg/videos>. Acesso em: 16 jan. 2023.

Sede

Conforme lecionam Oliveira e Estefam (2020, p. 57), "a definição da sede da arbitragem tem serventia para determinar se a sentença arbitral é nacional ou estrangeira". A sentença nacional é aquela proferida no Brasil, e a sentença estrangeira, que precisa ser homologada pelo STJ para ser reconhecida e executada no país, é aquela prolatada fora do território nacional, nos termos do art. 34, parágrafo único, da LA.

A sede da arbitragem também tem importância para definir a competência do Poder Judiciário no controle da sentença arbitral, para verificar a validade da convenção arbitral a partir do ordenamento jurídico respectivo e para definir as regras procedimentais aplicáveis (Braghetta, 2007).

Os decretos estaduais que dispõem sobre a arbitragem determinam que as convenções arbitrais com os estados prevejam que a sede da arbitragem seja a da respectiva capital. O Decreto Municipal n. 59.963/2020 prevê como sede da arbitragem o Município de São Paulo (São Paulo, 2020). O Decreto Federal n. 10.025/2019 dispõe que a arbitragem de que é parte a Administração Pública federal será realizada na República Federativa do Brasil (Brasil, 2019a).

É importante que a sede seja no Brasil, para se evitar que a sentença precise passar pelo procedimento da homologação da sentença estrangeira. As sentenças arbitrais proferidas no Brasil são exequíveis. Não há justificativa para se admitir que a arbitragem com o Poder Público tenha sede fora do território nacional, justamente para facilitar seu cumprimento, a não ser que se trate de arbitragem internacional.

Isso não significa que os atos procedimentais, como audiências e provas periciais não possam ser realizados em outras localidades, dependendo da necessidade.

PARA SABER MAIS

Conforme sua Lei Modelo, a Comissão das Nações Unidas para o Direito Comercial Internacional (Uncitral) considera que uma arbitragem é internacional se:

(*a*) As partes em uma convenção de arbitragem tiverem, no momento da sua conclusão, as suas sedes comerciais em diferentes Estados; ou
(*b*) Um dos locais a seguir referidos estiver situado fora do Estado no qual as partes têm a sua sede;
(i) O local da arbitragem, se determinado na, ou de acordo com, convenção de arbitragem;
(ii) Qualquer local onde deva ser cumprida uma parte substancial das obrigações resultantes da relação comercial ou o local com o qual o objeto da disputa tenha vínculos mais estreitos; ou
(*c*) As partes tiverem convencionado expressamente que o objeto da convenção de arbitragem envolve mais de um país. (Uncitral, 2008, p. 1-2, tradução nossa)

O procedimento de homologação das sentenças arbitrais estrangeiras está previsto nos arts. 34 a 40 da LA. Para que uma sentença arbitral estrangeira seja reconhecida e executada no Brasil, precisa ser homologada pelo STJ, que realiza um juízo de delibação da decisão estrangeira, ao aferir: se as partes são capazes; a validade da convenção de arbitragem; a observância aos princípios do contraditório e ampla defesa; a conformidade da sentença arbitral com a convenção de arbitragem; a instituição de arbitragem de acordo com a convenção; e a existência de ação judicial no país de origem que tenha anulado ou suspendido a sentença arbitral. Portanto, o mérito da sentença arbitral não é analisado,

> mas somente as questões referentes às formalidades e observância do devido processo legal no procedimento de origem.

Idioma

As arbitragens com o Poder Público devem ser feitas em língua portuguesa. É o que prescrevem os decretos regulamentadores da arbitragem nos estados e o Decreto Federal 10.025/2019 (Brasil, 2019a).

O português também é exigido em outros instrumentos normativos que contemplam a arbitragem:

- » Lei n. 8.987 (Brasil, 1995): art. 23-A
- » Lei n. 11.079 (Brasil, 2004): art. 11, III
- » Lei n. 13.448 (Brasil, 2017): art. 31, parágrafo 3º

Caso seja juntado documento redigido em língua estrangeira, será traduzido para o vernáculo.

QUESTÃO PARA REFLEXÃO

Vistas as peculiaridades da arbitragem com o Poder Público, agora, vamos analisar a seguinte cláusula compromissória, para verificar se todos os detalhamentos antes abordados foram devidamente incluídos.

Analise o Contrato de Concessão para Ampliação, Manutenção e Exploração dos Aeroportos Integrantes do Bloco Central da Agência de Aviação Civil (Anac) e verifique, nas cláusulas 16.5 a 16.22, se há arbitrabilidade subjetiva e objetiva, qual o tipo de arbitragem (de direito ou de equidade), se é arbitragem institucional ou *ad hoc*, se a cláusula é cheia ou vazia, válida ou patológica.

A íntegra do contrato está disponível em: <https://www.gov.br/anac/pt-br/assuntos/concessoes/aeroportos-concedidos/bloco-central/contrato-assinado/contrato-de-concessao-n-003-anac-2021-central.pdf>. Acesso em: 16 jan. 2023.

Seção III – Da Arbitragem

16.5. As Partes comprometem-se a envidar todos os esforços no sentido de resolver, preferencialmente entre si e de forma amigável, todas as controvérsias relativas a direitos patrimoniais disponíveis decorrentes do Contrato de Concessão ou a ele relacionadas, assim definidas nos termos do Decreto nº 10.025, de 20 de setembro de 2019, verificadas durante a execução ou quando da extinção do contrato.

[…]

16.7. O processo de arbitragem terá início mediante comunicação remetida pela Parte interessada à outra, requerendo a instalação do Tribunal e detalhando a matéria em torno da qual gira a controvérsia, as partes envolvidas, descrição dos fatos, pedidos e documentos comprobatórios.

16.8. A arbitragem será institucional, de direito, observadas as normas de direito material brasileiro, vedada qualquer decisão por equidade.

16.9. As Partes deverão, de comum acordo, eleger câmara arbitral, capaz de administrar a arbitragem conforme as regras da presente Seção, e apta a conduzir os atos processuais na sede da arbitragem, conforme item 16.14, e, eventualmente, em outra localidade no Brasil pertinente, dentre aquelas previamente credenciadas pela Advocacia-Geral da União ou, caso esteja indisponível o credenciamento, que demonstre atender aos requisitos deste.

16.9.1. Não havendo consenso quanto à escolha da câmara, o Poder Concedente elegerá, no prazo de 15 (quinze) dias, uma das seguintes instituições: (i) Corte Internacional de Arbitragem da Câmara de Comércio Internacional; (ii) Corte Internacional de Arbitragem de Londres; ou (iii) Corte Permanente de Arbitragem de Haia.

16.9.1.1. Se, à época da instauração da controvérsia, nenhuma das três câmaras atender aos requisitos previstos no item 16.9, o Poder Concedente elegerá, no mesmo prazo, outra câmara arbitral que os atenda.

16.9.1.2. Se o Poder Concedente não fizer a indicação no prazo, a Concessionária poderá indicar, em até 15 (quinze) dias, qualquer câmara que atenda aos requisitos do item 16.9.

16.10. A arbitragem será conduzida conforme o Decreto nº 10.025, de 20 de setembro de 2019, e, no que não conflitar com o presente Contrato, o Regulamento vigente da câmara arbitral eleita.

16.10.1. Somente serão adotados procedimentos expeditos ou de árbitro único em caso de acordo expresso entre as Partes.

16.10.2. A Parte interessada deverá iniciar o processo arbitral na câmara arbitral preventa em que tramitem as disputas ou controvérsias conexas ainda em curso.

16.11. O Tribunal Arbitral será composto por 03 (três) árbitros, sendo 01 (um) nomeado pela Parte requerente, 01 (um) nomeado pela Parte requerida, inclusive eventuais substituições. O terceiro árbitro, que presidirá o Tribunal Arbitral, será indicado pelos dois outros árbitros nomeados pelas Partes.

16.11.1. Caso a designação do presidente do Tribunal Arbitral não ocorra no prazo de 30 (trinta) dias corridos, a contar da nomeação do segundo árbitro, ou não haja consenso na escolha, a câmara arbitral eleita procederá à sua nomeação, nos termos do seu Regulamento de Arbitragem.

16.11.2. A escolha de qualquer dos árbitros não está restrita à eventual lista de árbitros que câmara arbitral eleita possua.

16.12. Competirá ao Tribunal Arbitral, no início do procedimento, tentar a conciliação das Partes, nos termos do art. 21 §4º da Lei nº 9.307/1996.

16.13. O idioma a ser utilizado no processo de arbitragem será a língua portuguesa, devendo a Parte que quiser produzir provas em idioma estrangeiro, providenciar a necessária tradução, conforme o caso.

16.13.1. Havendo dúvida a respeito da tradução, a parte impugnante apresentará seus pontos de divergência, cabendo ao Tribunal Arbitral decidir a respeito da necessidade de apresentação de tradução juramentada, custeada pela Parte interessada na produção da prova.

16.14. Brasília, no Distrito Federal, Brasil, será a sede da arbitragem e o lugar da prolação da sentença arbitral.

16.15. No que tange às matérias submetidas a arbitragem, fica eleito o foro da Seção Judiciária do Distrito Federal da Justiça Federal exclusivamente para:

16.15.1. O ajuizamento da ação de anulação prevista na art. 33, caput, da Lei nº 9.307/96; e 16.15.2. A execução judicial da sentença arbitral.

16.16. Havendo necessidade de medidas cautelares ou de urgência antes de instituída a arbitragem, a parte interessada deverá requerê-las ao árbitro de emergência nos termos do regulamento da Câmara de Arbitragem eleita na forma do item 16.9 e seus subitens, cessando sua eficácia caso a arbitragem não seja requerida no prazo de 30 (trinta) dias da data de efetivação da decisão.

16.16.1. Se ainda não houver sido definida a Câmara nos termos do item 16.9, a medida deverá ser solicitada a um árbitro de emergência indicado conforme o regulamento de uma das três Câmaras elencadas no item 16.9.1, a qual não ficará preventa para a arbitragem correspondente.

16.16.2. O Tribunal Arbitral deverá decidir, tão logo instalado e antes de qualquer outra providência processual, pela preservação, modificação ou cessação dos efeitos da tutela provisória obtida antecipadamente por uma das partes junto ao árbitro de emergência.

16.16.3. As Partes concordam que qualquer medida cautelar ou urgente que se faça necessária após a instauração da arbitragem será unicamente requerida ao Tribunal Arbitral.

16.17. As despesas com a realização da arbitragem serão antecipadas pela Concessionária, incluídos os honorários dos árbitros, as custas da instituição arbitral e demais despesas necessárias à instalação, condução e desenvolvimento da arbitragem.

16.17.1. Os honorários dos árbitros serão fixados pela instituição arbitral eleita, sempre em parâmetros razoáveis, considerando a complexidade da matéria que lhes for submetida, o tempo demandado e outras circunstâncias relevantes do caso, segundo as práticas de mercado e o respectivo regulamento.

16.17.2. Havendo necessidade de prova pericial, o perito independente será designado de comum acordo entre as Partes ou, na falta de acordo, pelo Tribunal Arbitral. Os custos da perícia, incluindo honorários periciais, serão antecipados pela Concessionária, nos termos do item 16.17, independentemente de quem a requerer ou ainda que proposta pelo Tribunal Arbitral.

16.17.2.1. As Partes poderão indicar assistentes técnicos, arcando com sua remuneração e demais custos, os quais não serão objeto de ressarcimento pela Parte vencida.

16.17.3. Ao final do procedimento arbitral, a Concessionária, se vitoriosa, poderá ser restituída das custas e despesas que houver antecipado proporcionalmente à sua vitória, conforme determinado pela sentença arbitral.

16.17.4. O Tribunal Arbitral condenará a Parte vencida total ou parcialmente pagamento de honorários advocatícios fixados nos termos dos artigos 84 e 85 da Lei n.º 13.105, de 16 de março de 2015, o Código de Processo Civil ou norma que os suceda.

16.17.4.1. Não será devido nenhum outro ressarcimento de despesas de uma Parte com sua própria representação, especialmente honorários advocatícios contratuais.

16.18. A sentença arbitral será definitiva, obrigará as Partes e, quando condenatória do Poder Concedente, será adimplida mediante expedição de precatório judicial, requisição de pequeno valor ou por meio dos instrumentos contratuais pertinentes, inclusive mecanismos de reequilíbrio econômico-financeiro, conforme determinado na sentença e de acordo com a natureza da obrigação imposta, observadas as disposições regulamentares vigentes.

16.19. O procedimento arbitral deverá observar o princípio da publicidade, nos termos da Legislação Brasileira, resguardados os dados confidenciais nos termos deste contrato. A divulgação das informações ao público ficará a cargo da câmara arbitral que administrar o procedimento e será feita preferencialmente por via eletrônica.

16.19.1. Caberá a cada Parte da arbitragem, em suas manifestações, indicar as peças, dados ou documentos que, a seu juízo, devem ser preservadas do acesso público, apontando o fundamento legal.

16.19.2. Caberá ao Tribunal Arbitral dirimir as divergências entre as Partes da arbitragem quanto às peças, dados e documentos indicados no item 16.19.1 e à responsabilidade por sua divulgação indevida.

16.20. Ressalvada a hipótese de deferimento de medida cautelar ou de urgência, a submissão aos mecanismos de solução de controvérsias previstos nesta Seção não exime o Poder Concedente ou a Concessionária da obrigação de dar integral cumprimento a este Contrato, nem permite a interrupção das atividades vinculadas à Concessão, observadas as prescrições deste contrato.

16.21. Salvo acordo entre as Partes em sentido diverso, todos os prazos previstos nesta cláusula contam-se em dias corridos, postergando-se ao dia útil subsequente caso o vencimento ocorra em dia não útil.

16.22. A ANAC poderá editar ato regulamentar superveniente relativo à arbitragem ou a outros mecanismos adequados de solução de controvérsias, resguardadas as disposições desta Seção. (Anac, 2021)

> **Para saber mais**
>
> Os temas analisados neste capítulo poderão ser aprofundados nas obras indicadas a seguir. A primeira indicação é de um livro prático sobre a arbitragem com a Administração Pública. A segunda indicação é de um artigo no qual os autores analisam os custos da arbitragem no Brasil e em outros países.
>
> OLIVEIRA, G. J. de; ESTEFAM, F. F. **Curso prático de arbitragem e Administração Pública.** São Paulo: Thomson Reuters Brasil, 2019.

> SCHUMAK, F.; ALVES, S. B. H. Custos arbitrais em perspectiva comparada. In: MARINONI, L. G.; LEITÃO, C. B. (Coord.). **Arbitragem e direito processual**. São Paulo: Thomson Reuters Brasil, 2021, p. 139-156.

Síntese

Neste capítulo, evidenciamos que os advogados públicos têm o papel não só de defender o ente público nas arbitragens, mas também de prestar assessoramento na escolha desse meio de resolução de conflitos, na elaboração da cláusula compromissória e na verificação da adequação de seu uso em determinados contratos administrativos. Como informamos, existe um investimento, por parte da União, em organizar polos de consultoria e assessoramento jurídico voltados para o procedimento arbitral (NEA).

Também destacamos que as câmaras arbitrais com interesse de administrar arbitragens envolvendo a Administração Pública devem submeter-se a um cadastro prévio. Os Estados do Rio de Janeiro, de São Paulo e do Rio Grande do Sul já regulamentaram esse cadastramento, por meio de decretos. Conhecemos os requisitos para a escolha dos árbitros.

Com relação às custas do procedimento, alguns instrumentos normativos determinam que elas devem ser adiantadas pelo particular e, se for o caso, restituídas ao final.

Por fim, compreendemos a importância de a arbitragem ser sediada no Brasil, bem como analisamos as demais peculiaridades da arbitragem com o Poder Público, como a publicidade e o idioma português.

Figura 3.1 – Sinopse do capítulo

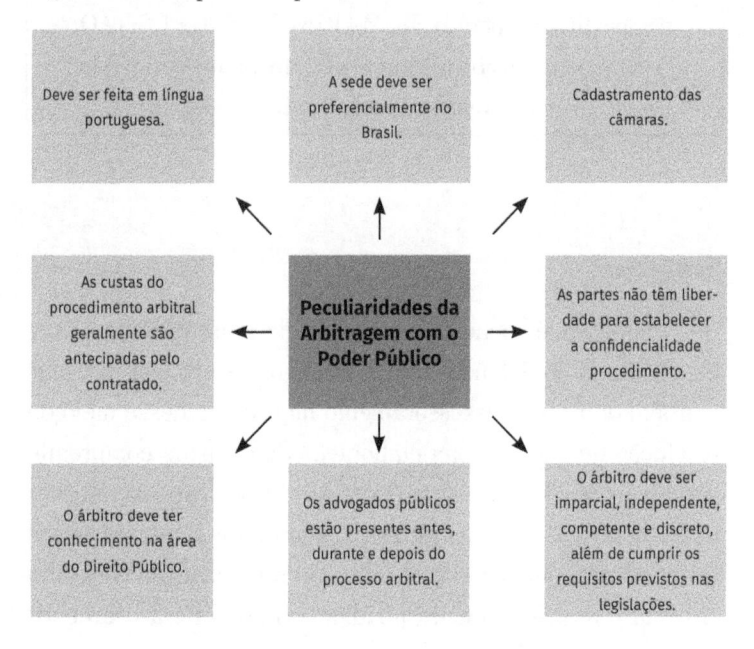

- Deve ser feita em língua portuguesa.
- A sede deve ser preferencialmente no Brasil.
- Cadastramento das câmaras.
- As custas do procedimento arbitral geralmente são antecipadas pelo contratado.
- **Peculiaridades da Arbitragem com o Poder Público**
- As partes não têm liberdade para estabelecer a confidencialidade procedimento.
- O árbitro deve ter conhecimento na área do Direito Público.
- Os advogados públicos estão presentes antes, durante e depois do processo arbitral.
- O árbitro deve ser imparcial, independente, competente e discreto, além de cumprir os requisitos previstos nas legislações.

Questões para revisão

1) Sobre a participação das câmaras arbitrais nas arbitragens com a Administração Pública, é **incorreto** afirmar:

   a. São contratadas pelas partes requerente e requerida quando da instituição da arbitragem.
   b. São previamente cadastradas pelo Poder Público, que pode estabelecer requisitos para tanto.
   c. As câmaras cadastradas estão habilitadas a administrar procedimentos arbitrais com o Poder Público.
   d. Geralmente, a escolha da câmara é feita pela parte que requer a instituição da arbitragem.

e. O processo de escolha das câmaras deve observar critérios isonômicos, técnicos e transparentes.

2) Assinale a alternativa **incorreta** sobre os árbitros nas arbitragens com a Administração Pública:

   a. Devem proceder com imparcialidade, independência, competência e discrição.
   b. São juízes de fato e de direito.
   c. Pode ser exigido que tenham conhecimento compatível com a natureza do contrato e do litígio.
   d. Devem revelar qualquer fato que denote dúvida justificada quanto à sua imparcialidade e à sua independência.
   e. A ausência do dever de revelação acarreta necessariamente a nulidade da sentença arbitral.

3) Assinale a alternativa correta sobre as arbitragens com o Poder Público:

   a. Devem ser feitas na língua inglesa.
   b. Devem observar a necessária confidencialidade do procedimento.
   c. Se a União for parte, devem ter sede em Brasília.
   d. Se o Estado de São Paulo for parte, deve ter sede na sua capital e ser pública.
   e. Advogados públicos não defendem os respectivos entes públicos nos procedimentos arbitrais.

4) A Empresa X e o Estado Y estipularam um contrato de compra e venda de materiais escolares por meio de licitação. No contrato, foi estipulado que qualquer litígio seria dirimido por meio de arbitragem. Um ano após a contratação, as partes entraram em conflito e decidiram iniciar

uma arbitragem *ad hoc*. O advogado da Empresa X indicou como árbitro seu antigo professor da faculdade, por quem demonstra grande carinho. Diante desse cenário, o que o árbitro nomeado deve fazer?

5) Nas arbitragens com a Administração Pública, todos os atos devem ser públicos?

IV

Conteúdos do capítulo

» Características do procedimento arbitral.
» Particularidades do procedimento arbitral com o Poder Público.
» Características da sentença arbitral.

Após o estudo deste capítulo, você será capaz de:

1. compreender as principais características do procedimento arbitral e identificar suas particularidades com o Poder Público como parte;
2. reconhecer as espécies de tutelas de urgência que podem ser requeridas antes e no curso do procedimento, bem como a quem cabe proferi-las;
3. identificar os requisitos, as características e o prazo da sentença arbitral e as hipóteses de cabimento da ação para declaração de sua nulidade;
4. verificar distinções quanto ao cumprimento da sentença arbitral.

Procedimento arbitral, sentença e efetivação

A arbitragem é decorrência da liberdade e da autonomia da vontade das partes. Logo, o procedimento arbitral é flexível. A Lei n. 9.307/1996 – Lei da Arbitragem – apresenta poucos dispositivos sobre o rito, já que cabe às partes ditá-lo, com a ressalva de que os princípios constitucionais do processo devem ser observados. "A flexibilidade do procedimento arbitral é característica marcante e de distinção do processo arbitral em relação ao processo judicial" (Tonin, 2019, p. 290). Por isso, podemos dizer que **as partes concebem o desenho do procedimento**.

A seguir, analisaremos o funcionamento do procedimento arbitral. O passo a passo descrito consiste em ritos comumente adotados pelas câmaras e pelos árbitros, podendo haver algumas diferenças a depender do rito arbitral adotado. Aqui, você terá uma noção do que, geralmente, acontece de modo sintético.

4.1 Requerimento, instauração e desenvolvimento da arbitragem

Para dar início à arbitragem, a parte interessada deve apresentar requerimento à câmara ou ao árbitro indicado na convenção arbitral. O requerimento, que não se confunde com a petição inicial do processo civil, terá basicamente as seguintes informações, a depender da câmara escolhida e do respectivo regulamento:

» qualificação das partes;
» objeto da arbitragem;
» valor estimado;
» indicação da sede;
» idioma;

- » lei aplicável;
- » indicação do árbitro.

Caso se trate de arbitragem *ad hoc*, a arbitragem será requerida ao árbitro indicado na convenção arbitral.

Se a cláusula compromissória for vazia, é necessário realizar a providência prevista no art. 6º da LA, sobre a qual já aludimos no Capítulo 2, Seção 2.4.1. Caso não surta efeito, terá de ser proposta a ação de rito especial visando à obtenção de sentença judicial que valha como compromisso arbitral, prevista no art. 7º da LA, também mencionada naquele tópico.

Recebendo o requerimento, a câmara notifica a parte adversa, que se manifestará, podendo arguir alguma matéria sobre a arbitrabilidade.

Em seguida, a câmara notifica as partes para indicarem os respectivos árbitros, caso isso ainda não tenha sido feito. Indicados, os árbitros serão notificados para aceitar ou apresentar recusa, exercendo o dever de revelação, se for o caso. Nesse momento, pode haver impugnação do árbitro. Do contrário, será escolhido o terceiro árbitro, que presidirá o tribunal arbitral.

Caso a arbitragem seja de árbitro único, a escolha deste caberá às partes em conjunto ou ao presidente da câmara, a depender das disposições da convenção arbitral ou do regulamento.

O art. 19 da LA dispõe: "Considera-se instituída a arbitragem quando aceita a nomeação pelo árbitro, se for único, ou por todos, se forem vários" (Brasil, 1996).

Após instaurada a arbitragem, o árbitro passa a ter competência não só para proferir a sentença, julgando a causa, mas também para decidir questões que surjam no curso do procedimento, podendo, inclusive, proferir decisões cautelares e antecipadas.

É por meio das OPs (ordens procedimentais) que os árbitros dirigem o procedimento de maneira organizada, nos termos do regulamento da câmara (se for o caso de arbitragem institucional), da convenção arbitral e do termo de arbitragem.

A propósito, você já ouviu falar no Termo de Arbitragem ou Ata de Missão?

Trata-se de documento elaborado em conjunto pelas partes e pelos árbitros, geralmente em uma audiência inicial, que é um complemento à convenção arbitral e dispõe sobre as regras procedimentais. É uma avença que tem natureza de negócio jurídico processual, estabelecendo a qualificação das partes, a transcrição da cláusula arbitral, o resumo das demandas das partes, a lei aplicável, os pontos controvertidos, o valor da causa, a sede da arbitragem, as provas a serem produzidas, os poderes atribuídos aos árbitros e tudo o mais que as partes, seus advogados e os árbitros reputem importante para regular o rito a partir daquele momento.

O termo não é obrigatório, mas é uma importante ferramenta de metodologia do rito procedimental. Junto a ele, poderá ser agregado o calendário processual estabelecendo as datas dos prazos das alegações das partes, réplicas e tréplicas, audiências para apresentação do caso, para instrução e para prolação da sentença arbitral.

Nas arbitragens com a Administração Pública, os prazos não são diferenciados, como ocorre nos processos judiciais. Mas o advogado público deve atentar para a necessidade de convencionar com a outra parte prazos dilatados, observado o princípio da isonomia, para que possa realizar a defesa do ente público de maneira profícua. Um prazo curto pode não ser suficiente para que se obtenha informações internas juntos aos órgãos públicos (Tonin, 2019).

A Ata de Missão, ou Termo de Arbitragem, teve sua origem no primeiro regulamento da Corte Internacional de Arbitragem (ICC), de 1992, "que dispunha sobre o "formulário de submissão", no qual deveria constar o nome das partes e do árbitro, o local e objeto da arbitragem, as razões das partes etc." (Lemes, 2007, p. 7).

O regulamento atual da ICC, na versão em português, mostra que tal documento tem a finalidade de definir a **missão do tribunal arbitral**. Veja a redação do art. 23-1: "Tão logo receba os autos da Secretaria, o tribunal arbitral elaborará, fundamentado em documentos ou na presença das partes e à luz das suas mais recentes alegações, documento que defina a sua missão" (ICC, 2014).

Importante consignarmos que a ata de missão, a convenção e o próprio procedimento devem sempre respeitar "os princípios do contraditório, da igualdade das partes, da imparcialidade do árbitro e de seu livre convencimento" (Brasil, 1996, art. 21, § 2º). Não se esqueça de que a arbitragem também é processo e, como tal, deve observar os princípios constitucionais processuais (Dinamarco, 2013).

Outro princípio que se aplica ao procedimento arbitral é o da *pas de nullité sans grief*: só serão declarados nulos os atos processuais caso importem prejuízo a uma das partes (Tonin, 2019).

Esse princípio é conhecido dos processualistas como *instrumentalidade das formas* e está contemplado no art. 188 do CPC: "Os atos e os termos processuais independem de forma determinada, salvo quando a lei expressamente a exigir, considerando-se válidos os que, realizados de outro modo, lhe preencham a finalidade essencial" (Brasil, 2015a). O art. 283 do CPC, em seu parágrafo único, também é digno de citação quanto ao princípio: "Dar-se-á o aproveitamento dos atos praticados desde que não resulte prejuízo à defesa de qualquer parte" (Brasil, 2015a).

Ademais, nas arbitragens com o Poder Público, é preciso observar também os princípios da Administração Pública.

Relevante anotarmos que quaisquer alegações concernentes à competência, à suspeição ou ao impedimento do árbitro ou dos árbitros, ou nulidade, invalidade e ineficácia da convenção arbitral, deverão ser feitas na primeira oportunidade de manifestação das partes, nos termos do art. 20 da LA. Nesse caso, se o árbitro ou o tribunal arbitral acolher a alegação, deverá remeter as partes ao órgão do Poder Judiciário competente para julgar a causa; se não for acatada a alegação, o procedimento seguirá normal (Brasil, 1996, art. 20, §§ 1º e 2º).

Outro dado importante é que, no início do procedimento, cabe ao árbitro ou tribunal arbitral exercer a tentativa de conciliar as partes (Brasil, 1996, art. 21, § 4º). Na hipótese de as partes chegarem a um acordo (o que pode acontecer no decorrer do procedimento), o árbitro poderá declarar tal fato por sentença, homologando o acordo, o que constituirá título executivo judicial.

Em seguida, passa-se ao desenvolvimento do procedimento arbitral: as partes terão a oportunidade de apresentar suas alegações de fato e de direito, réplicas e tréplicas (se for o caso), anexando documentos e requerendo a produção de provas.

O art. 22 da LA prevê que o árbitro poderá tomar o depoimento das partes, ouvir testemunhas e determinar a realização de perícias e outras provas que julgar necessárias (Brasil, 1996). Então, o árbitro também exerce poderes instrutórios, decidindo sobre pertinência ou não das provas requeridas.

A eficiência é marca da arbitragem, e o árbitro pode e deve indeferir a produção de provas impertinentes. Inclusive, o árbitro pode, conforme o art. 22, *in fine* da LA, determinar de ofício a produção de provas, o que também ocorre nas arbitragens com o Poder Público.

Caso a parte requerida deixe de se manifestar, não haverá presunção de veracidade dos fatos afirmados pela parte requerente. Não se aplicam os efeitos da revelia, ao contrário do que ocorre no processo civil.

No desenvolvimento da arbitragem, além das clássicas provas, são adotadas estratégias distintas do processo civil, tais como:

» **Audiência para apresentação do caso**: nela os advogados das partes expõem os principais fundamentos fáticos e jurídicos que baseiam seus pedidos. É comum que os profissionais se utilizem de recursos tecnológicos, como *slides*, vídeos, linha do tempo, gráficos etc. para trazer informações percucientes aos árbitros. Estes, por sua vez, fazem questionamentos que exigem uma preparação consistente do corpo de advogados.

» **Bifurcação da decisão**: para evitar a prática de atos desnecessários, é comum que o procedimento seja bifurcado para permitir sentenças parciais acerca de questões prejudiciais. Por exemplo, em uma arbitragem de responsabilidade civil, primeiramente se decide acerca da responsabilidade para, se esta for reconhecida, prosseguir-se com a produção de provas e alegações quanto aos valores de indenização devidos. Também é possível a bifurcação quando há questões prejudiciais de jurisdição para decidir antes de adentrar no mérito da causa. Há previsão no art. 23, parágrafo 1º, da LA (Brasil, 1996).

» ***Expert witness***: a perícia é realizada pelos assistentes técnicos contratados pelas próprias partes, dispensando-se perito indicado pelo árbitro (Muniz, 2021).

» ***Hot-tubbing***: audiência na qual os peritos são inquiridos pelos árbitros e pelas partes, oportunizando-se a discussão dos laudos de forma clara e objetiva (Mastrobuono, 2020).

» **Written statements**: depoimentos previamente escritos pelas testemunhas, que podem dispensar a oitiva oral em audiência.
» **Método *chess clock***: controle do tempo de oitiva das testemunhas. Sobre isso, o *ICC Comission Report: Controlling Time and Costs in Arbitration* dispõe, no item 75, que devem ser acordados uma data e um cronograma para todas as audiências, com tempos iguais entre cada uma das partes, inclusive recorrendo a um relógio do tipo usado em jogos de xadrez para monitorar a alocação justa de tempo para cada uma das partes (ICC, 2018).

Não é necessária a participação do Ministério Público (MP) no procedimento arbitral em que figure como parte o Poder Público, já que os direitos envolvidos na arbitragem são patrimoniais disponíveis. A Constituição Federal estabelece, no art. 127, que incumbe ao MP a defesa da ordem jurídica, do regime democrático e dos interesses sociais e individuais indisponíveis. Como "a arbitragem possui por objeto sempre direitos patrimoniais disponíveis, não há que se falar de participação ministerial, nem mesmo como *custus legis*. Seu âmbito de atuação se restringe ao controle externo que exerce sobre a atividade administrativa" (Tonin, 2019, p. 299).

4.2 Tutela provisória

Você já sabe que o CPC não se aplica ao procedimento arbitral. Todavia, podemos extrair conhecimentos acerca das tutelas provisórias para delinear sua aplicabilidade antes e durante a arbitragem. Para tanto, podemos partir da classificação adotada pelo legislador do Código de Processo Civil.

As tutelas provisórias são classificadas em tutelas da urgência e da evidência. As primeiras visam afastar uma situação de perigo de dano, e as últimas servem para satisfazer antecipadamente os direitos evidentes da parte autora, quando esta demonstra a alta probabilidade.

Na Figura 4.1, apresentamos um esquema sobre a tutela provisória.

Figura 4.1 – Tutela provisória no CPC

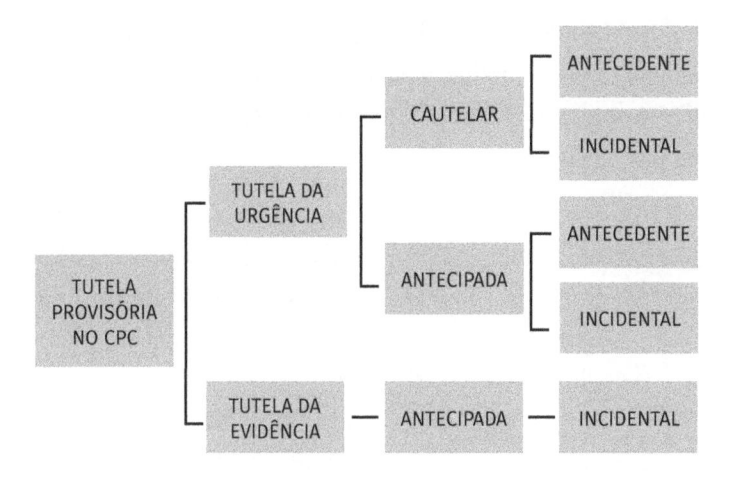

```
                                    ┌── ANTECEDENTE
                        ┌── CAUTELAR ┤
                        │           └── INCIDENTAL
           ┌── TUTELA DA ┤
           │   URGÊNCIA  │           ┌── ANTECEDENTE
TUTELA     │            └── ANTECIPADA ┤
PROVISÓRIA ┤                         └── INCIDENTAL
NO CPC     │
           └── TUTELA DA ── ANTECIPADA ── INCIDENTAL
               EVIDÊNCIA
```

Podemos aplicar tal classificação para verificar o cabimento das tutelas provisórias relacionadas às controvérsias submetidas à arbitragem.

Como você pode ver na Figura 4.1, as tutelas da urgência são classificadas em cautelares e antecipadas, podendo ambas ser concedidas na forma antecedente ou incidental ao pedido principal.

As tutelas de urgência cautelares e antecipadas podem ser necessárias em conflitos nos quais foi firmada uma convenção de arbitragem, antes da instauração desta.

O mais comum é a utilização de medidas cautelares. Pense na hipótese de um contrato mercantil de compra e venda estabelecer cláusula compromissória. Imagine que a parte vendedora está deixando de cumprir a obrigação de entrega dos produtos no prazo convencionado, e a parte compradora toma conhecimento de que as mercadorias estão sendo alienadas a terceiros. A parte compradora protocola requerimento de instauração de arbitragem, mas ainda não foi instituído o painel arbitral. A fase pré-arbitral pode demorar, dada eventual impugnação de árbitros. Então, a parte compradora necessita de uma tutela de urgência cautelar para determinar o bloqueio de venda das mercadorias. Nessa hipótese, podemos pensar em duas soluções:

1. A parte compradora propõe medida cautelar antecedente perante o Poder Judiciário, pretendendo afastar o perigo de dano (alienação das mercadorias para terceiros), desde que também demonstre a probabilidade do direito (CPC, art. 300).
2. A parte compradora propõe requerimento de medida cautelar perante um árbitro de emergência.

Pode também surgir a necessidade de uma tutela antecipada para evitar perigo de dano. Por exemplo, em uma arbitragem trabalhista entre jogador de futebol e o clube empregador, o jogador pretende afastar a demissão e receber indenização por danos materiais e morais. Contudo, necessita da reintegração imediata para afastar perigo de dano. Aqui também surgem duas opões:

1. O jogador propõe medida antecipada antecedente perante o Poder Judiciário, pretendendo afastar o perigo de dano (ficar fora do clube, sem o salário e

> perdendo condicionamento físico), desde que também demonstre a probabilidade do direito (CPC, art. 300).
> 2. O jogador propõe requerimento de medida antecipada perante um árbitro de emergência.

Algumas câmaras têm regulamento específico do árbitro de emergência justamente para fazer frente a medidas cautelares e antecipadas sem necessidade de acionar o Judiciário.

Às vezes, a convenção de arbitragem prevê que tais medidas devem ser levadas ao árbitro de emergência da câmara escolhida; outras preveem que as cautelares e antecipadas sejam requeridas ao Poder Judiciário. Em alguns casos, não há qualquer menção a medidas de urgência na convenção de arbitragem. Então, é preciso analisar se o regulamento da câmara dispõe sobre a questão. Os regulamentos contêm cláusulas *opt in* ou *opt out*.

No primeiro caso, as partes precisam prever expressamente na cláusula que será adotado o árbitro de emergência, por exemplo, Câmara do Mercado. No segundo, as partes devem excluir expressamente na cláusula compromissória que será usado o árbitro de emergência, por exemplo Corte de Arbitragem da CCI.

Se optarem pelo Poder Judiciário, sendo concedida a tutela cautelar ou antecipada antecedente, a parte autora deverá requerer a instauração da arbitragem no prazo de 30 dias, nos termos do art. 22-A, parágrafo único, da LA, sob pena de perda da eficácia da medida cautelar ou de urgência (Brasil, 1996). Instaurada a arbitragem, o processo judicial deve ser extinto, sem resolução do mérito, dada a competência do árbitro, que poderá manter, modificar ou revogar a medida de urgência apreciada pelo Poder Judiciário (Brasil, 1996, art. 22-B). Este "atuará apenas para afastar o perigo de dano, pois a jurisdição escolhida previamente pelas partes é a arbitral" (Leitão, 2020, p. 168).

Isso também ocorre com o árbitro de emergência, que não é o mesmo árbitro da arbitragem principal.

Após a instauração da arbitragem, os árbitros sempre terão competência para apreciar os requerimentos de cautelares e antecipadas, conforme o art. 22-B, parágrafo único, da LA: "Estando já instituída a arbitragem, a medida cautelar ou de urgência será requerida diretamente aos árbitros" (Brasil, 1996).

Aqui, a participação do Poder Judiciário só será necessária para a prática de atos de efetivação coercitiva das medidas não cumpridas espontaneamente pela parte a quem é dirigida a tutela cautelar ou antecipada. "Proferida tutela provisória de urgência no processo arbitral, caso a parte não cumpra a decisão, o árbitro deverá se valer da cooperação do Poder Judiciário para executar a medida, impondo à parte contra a qual foi concedida seu cumprimento" (Leitão, 2020, p. 174).

A carta arbitral está contemplada no art. 22-C da LA:

> Art. 22-C. O árbitro ou o tribunal arbitral poderá expedir carta arbitral para que o órgão jurisdicional nacional pratique ou determine o cumprimento, na área de sua competência territorial, de ato solicitado pelo árbitro. (Brasil, 1996)

Também há previsão da carta arbitral, juntamente às cartas de ordem, precatória e rogatória, no art. 260, parágrafo 3º, do CPC: "A carta arbitral atenderá, no que couber, aos requisitos a que se refere o caput e será instruída com a convenção de arbitragem e com as provas da nomeação do árbitro e de sua aceitação da função" (Brasil, 2015a).

A carta arbitral serve como instrumento de cooperação entre o árbitro e o Poder Judiciário. Como o árbitro não detém poder de *imperium* (veja o próximo tópico sobre a sentença arbitral), caso alguma decisão ou sentença sua não seja cumprida pela parte, ele não poderá determinar a prática de atos de constrição de bens, busca e apreensão, requisição de força policial etc. Nesse caso, terá de solicitar por meio de carta arbitral destinada ao juiz competente que sejam praticados atos de execução para efetivação da decisão arbitral.

Interessante frisarmos que a audiência de apresentação do caso é frequentemente usada para a análise do tribunal quanto ao cabimento da medida cautelar ou antecipada.

No que tange ao Poder Público, também poderá firmar cláusula que leve ao árbitro de emergência a competência para apreciação das medidas cautelar e antecipada. Todavia, como o Judiciário aprecia rapidamente pedidos de tutelas provisórias, geralmente o Poder Público afasta o árbitro de emergência para essas situações, deixando ao Poder Judiciário tal apreciação, o que não afasta a competência do árbitro ou tribunal arbitral para resolver o conflito de interesses de modo definitivo.

As tutelas de evidência não são muito usuais, tampouco necessárias, já que a celeridade é marca da arbitragem.

4.3 Sentença arbitral

Finalizada a instrução probatória e apresentadas as alegações finais das partes, o árbitro profere a sentença arbitral, que, como já comentamos, constitui título executivo judicial (Brasil, 1996, art. 31).

Lembre-se de que a arbitragem tem natureza jurisdicional no que diz respeito ao conceito original de jurisdição: de declarar o direito (*jurisdictio*). Isso porque o árbitro não detém os mesmos poderes do juiz estatal quanto a medidas executivas e mandamentais, que são inerentes ao *imperium*.

A seguir, trataremos de aspectos relativos à sentença arbitral, divididos nos seguintes tópicos: prazo, requisitos, espécies, ausência de recurso, coisa julgada arbitral e cumprimento da sentença contra a Fazenda Pública.

Prazo

A sentença deve ser proferida no prazo fixado pelas partes, geralmente no termo de arbitragem. Caso não haja prazo fixado pelas partes, a sentença deve ser prolatada em seis meses, contado da instituição da arbitragem ou da substituição do árbitro (se for o caso). É o que dispõe o art. 23 da LA, que permite a prorrogação do prazo no parágrafo 2º.

Requisitos

A sentença arbitral deve conter os seguintes requisitos, conforme os arts. 24 e 26 da Lei de Arbitragem:

1. ser expressa em documento escrito;
2. relatório, com o nome das partes e o resumo da causa;
3. fundamentação das questões de fato e de direito;
4. dispositivo, no qual serão resolvidas as questões trazidas pelas partes, com os respectivos prazos de cumprimento;
5. data e lugar em que foi proferida;
6. assinatura do árbitro.

Caso a sentença não contenha tais requisitos, será nula, podendo ensejar ação declaratória de nulidade prevista no art. 32, inciso III, da LA.

Espécies

Do ponto de vista da demanda, a arbitragem se inicia por meio de uma ação de conhecimento, que redundará, se procedente o pedido, em uma sentença declaratória, constitutiva ou condenatória (Dinamarco, 2013). Descabe, portanto, sentença mandamental ou executiva na arbitragem, já que as funções do árbitro não ultrapassam a atividade jurisdicional cognitiva (Dinamarco, 2013).

Árbitros podem até impor obrigações de fazer, não fazer e de entregar coisa à parte vencida, mas sua decisão não terá cunho mandamental. Então, de acordo com a classificação quíntupla das sentenças, árbitros não proferem decisões mandamentais e executivas *lato sensu*.

> **IMPORTANTE!**
>
> Árbitros julgam, mas não podem efetivar suas próprias decisões em caso de descumprimento pela parte vencida: eles não têm poder para executar medidas constritivas, busca e apreensão de bens e outras medidas coercitivas, tais como aquelas enunciadas no art. 139 do CPC. Portanto, uma vez julgada a causa pelo árbitro, eventual cumprimento da sentença arbitral deve ser requerido ao juiz estatal competente.

Como você já sabe, o julgamento poderá ser de direito ou de equidade. Todavia, a sentença sempre deverá observar a ordem pública e os bons costumes. "Assim, não apenas nas arbitragens de direito, como também nas arbitragens de equidade, as convenções das partes e as decisões do tribunal arbitral devem estar em consonância com a ordem pública" (Fichtner; Mannheimer; Monteiro, 2019, p. 68).

Ausência de recurso

Não há previsão de recurso contra as sentenças na LA, existindo duas formas de insurgência à sentença arbitral:

» **Internamente**: no procedimento arbitral, por meio do **pedido de esclarecimentos** previsto no art. 30 da LA, cujo prazo é de cinco dias, contados do recebimento da notificação da sentença arbitral. Tal prazo pode ser alterado por convenção das partes. O pedido de esclarecimentos poderá ter por objeto a correção de erro material ou esclarecimentos sobre obscuridade, dúvida, contradição ou ponto omitido na sentença.

» **Externamente**: justamente por ter natureza jurisdicional, a sentença arbitral não está sujeita à revisão de mérito por outros órgãos, como Poder Judiciário ou Tribunal de Contas. Todavia, o Poder Judiciário exerce o controle da sentença arbitral. A parte poderá valer-se da ação declaratória de nulidade prevista no art. 33 nas hipóteses de cabimento taxativas do art. 32, a saber: nulidade da convenção de arbitragem; sentença emanada de quem não poderia ser árbitro; ausência dos requisitos da sentença; desrespeito à convenção de arbitragem; sentença prolatada por prevaricação, concussão ou corrupção passiva; descumprimento do prazo; desrespeito aos princípios do contraditório, da isonomia, da imparcialidade do árbitro e do livre convencimento.

O prazo decadencial para propositura da ação declaratória de nulidade é de 90 (noventa) dias, inclusive para o Poder Público, contado do recebimento da notificação da sentença, parcial ou final, conforme art. 33, parágrafo 1º, da LA (Brasil, 1996).

A sentença arbitral proferida contra o Poder Público não está sujeita a reexame necessário, já que não se aplica o CPC ao processo arbitral. É o que dita o Enunciado n. 164 do Fórum Permanente de Processualistas Civil "A sentença arbitral contra a Fazenda Pública não está sujeita a remessa necessária" (Didier Jr., 2018, p. 45).

Nesse sentido também é o entendimento de Cunha (2021, p. 647): "O art. 496 do CPC, que disciplina a remessa necessária, aplica-se apenas ao ambiente do processo judicial, não tendo incidência relativamente ao processo arbitral".

Alegações de nulidade da sentença arbitral também poderão ser arguidas na impugnação ao cumprimento da sentença, nos termos do art. 33, parágrafo 3º, da LA, e do art. 525 do CPC, e, especificamente, com relação à sentença contra a Fazenda Pública, conforme o art. 534 do CPC.

No entanto, essa alegação precisa ser feita dentro do prazo de 90 dias. Desse modo, caso o Poder Público tenha sido condenado e haja alguma nulidade, é prudente que proponha a ação declaratória de nulidade em vez de aguardar o cumprimento da sentença junto ao Poder Judiciário, pois poderá não haver tempo hábil. Isso também se aplica ao particular.

Coisa julgada arbitral

A sentença arbitral produz coisa julgada material e constitui título executivo judicial (CPC, art. 515, VII, e LA, art. 31), não necessitando ser homologada pelo Poder Judiciário. Dinamarco (2013) alude à expressão *coisa julgada arbitral* para incorporar a coisa julgada material à arbitragem.

Cumprimento da sentença arbitral

A sentença arbitral deve ser cumprida pela parte vencida imediatamente ou no prazo fixado pelo árbitro.

Caso a parte vencida deixe de cumprir a sentença, a parte vencedora poderá valer-se das regras do CPC e propor o cumprimento da sentença perante o Poder Judiciário, já que, como vimos nos itens precedentes, o árbitro não pode exercer atos de execução.

O cumprimento de sentença deve ser feito de acordo com a obrigação que é imposta na sentença arbitral, a saber:

» obrigação de pagar: rito dos arts. 523 a 527 do CPC;
» obrigação de fazer, não fazer e entregar coisa: rito dos arts. 536 a 538 do CPC.

Se a sentença arbitral for proferida contra o Poder Público, seu cumprimento observará as seguintes regras:

» obrigação de pagar: rito dos arts. 534 e 535 do CPC e do art. 100 da CF;
» obrigação de fazer, não fazer e entregar coisa: rito dos arts. 536 a 538 do CPC.

Portanto, se o particular for vencido e deixar de cumprir a sentença arbitral, o Poder Público poderá iniciar o cumprimento de sentença de acordo com as normas apontadas na primeira hipótese.

Ressaltamos que o rito contra o particular e o Poder Público, se a obrigação for de fazer, não fazer ou entregar coisa, é o mesmo.

Todavia, o cumprimento de sentença de obrigação de pagar deve sempre observar as normas referentes aos precatórios requisitórios. O Poder Público não está autorizado a cumprir sentenças condenatórias espontaneamente, sendo imprescindível iniciar o cumprimento de sentença.

O art. 100 da Constituição Federal estabelece que os pagamentos devidos pelas Fazendas Públicas federal, estaduais, distrital e municipais, em virtude de sentença judiciária, incluídas as sentenças arbitrais, dada sua natureza jurisdicional, serão feitos exclusivamente na ordem cronológica de apresentação dos precatórios e à conta dos créditos respectivos (Brasil, 1988).

> **Para saber mais**
>
> Para conhecer mais sobre o funcionamento das principais câmaras e se aprofundar no tema, visite os seguintes portais:
>
> AMCHAM BRASIL – American Chamber of Commerce For Brazil. Disponível em: <https://www.amcham.com.br>. Acesso em: 16 jan. 2023.
> ARBITAC – Câmara de Mediação e Arbitragem da Associação Comercial do Paraná. Disponível em: <http://www.arbitac.com.br>. Acesso em: 16 jan. 2023.
> CAESP – Conselho Arbitral do Estado de São Paulo. Disponível em: <http://www.caesp.org.br>. Acesso em: 16 jan. 2023.
> CAM – Câmara do Mercado. Disponível em: <http://www.camaradomercado.com.br/>. Acesso em: 16 jan. 2023.
> CAM-CCBC – Centro de Arbitragem e Mediação da Câmara de Comércio Brasil-Canadá. Disponível em: <https://ccbc.org.br/>. Acesso em: 16 jan. 2023.
> CAMERS – Câmara de Arbitragem Mediação e Conciliação do Centro das Indústrias do Estado do Rio Grande do Sul. Disponível em: <http://www.camers.com.br>. Acesso em: 16 jan. 2023.

CBMA – Centro Brasileiro de Mediação e Arbitragem. Disponível em: <http://www.cbma.com.br>. Acesso em: 16 jan. 2023.

Por meio das indicações a seguir, acesse e conheça algumas normas específicas para arbitragens envolvendo a Administração Pública:

CAESP – Conselho Arbitral do Estado de São Paulo. **Regulamento de Arbitragem para Administração Pública**. Disponível em: <https://u5r3ac.a2cdn1.secureserver.net/wp-content/uploads/2022/04/regulamento-arbitragem-administração-publica-2022.pdf>. Acesso em: 16 jan. 2023.

CAMARB – Câmara de Arbitragem Empresarial Brasil. **Regulamento de Arbitragem**. Disponível em: <https://camarb.com.br/wpp/wp-content/uploads/2018/11/regulamento-arbitragem.pdf>. Acesso em: 16 jan. 2023.

CAM-CCBC – Centro de Arbitragem e Mediação da Câmara de Comércio Brasil-Canadá. **Regulamento de Arbitragem**. Disponível em: <https://storage.googleapis.com/stateless-ccbc-org-br/2018/09/a1dc1322-rn01-01-regulamento-de-arbitragem.pdf>. Acesso em: 16 jan. 2023.

Conheça mais sobre arbitragens que envolvem a Administração Pública brasileira por meio das resoluções administrativas da Cam-CCBC indicadas a seguir:

CAM-CCBC – Centro de Arbitragem e Mediação da Câmara de Comércio Brasil-Canadá. **RA n. 09/2014**. Disponível em: <https://ccbc.org.br/cam-ccbc-centro-arbitragem-

> mediacao/resolucao-de-disputas/resolucoes-administrativas/ra-09-2014-arbitragens-com-a-adm-publica-brasileira/>. Acesso em: 16 jan. 2023.
> CAM-CCBC – Centro de Arbitragem e Mediação da Câmara de Comércio Brasil-Canadá. **RA n. 15/2016**. Disponível em: <https://ccbc.org.br/cam-ccbc-centro-arbitragem-mediacao/resolucao-de-disputas/resolucoes-administrativas/ra-15-2016-publicidade-em-procedimentos-com-a-adm-publica-direta/>. Acesso em: 16 jan. 2023.
>
> Conheça o regulamento da Câmara Ciesp/Fiesp e a resolução administrativa que trata de procedimentos arbitrais que envolvem a Administração Pública:
>
> CIESP-FIESP. Câmara de Conciliação, Mediação e Arbitragem do Centro das Indústrias do Estado de São Paulo e da Federação das Indústrias do Estado de São Paulo. **Regulamento**. Disponível em: <http://www.camaradearbitragemsp.com.br/pt/arbitragem/regulamento.html>. Aceso em: 16 jan. 2023.
> CIESP-FIESP. Câmara de Conciliação, Mediação e Arbitragem do Centro das Indústrias do Estado de São Paulo e da Federação das Indústrias do Estado de São Paulo. **Resolução n. 9, de 4 de outubro de 2021**. Disponível em: <http://www.camaradearbitragemsp.com.br/pt/res/docs/arbitragem/resolucao_9_2021_administracao_publica_ass.pdf>. Acesso em: 16 jan. 2023.
>
> Sobre direitos patrimoniais e arbitragem internacional, leia o art. 12, parágrafo único, do regulamento da Câmara FGV:

FGV. Câmara de Mediação e Arbitragem da Fundação Getúlio Vargas. **Regulamento de Arbitragem**. Disponível em: <https://camara.fgv.br/artigos/versao-de-2016-vigente>. Acesso em: 16 jan. 2023.

Para saber sobre divulgação de informações e arbitragens envolvendo a Administração Pública, no regulamento da CamFiep, confira os arts. 11.2 e 22 a 26:

CAMFIEP – Câmara de Arbitragem e Mediação da Federação das Indústrias do Estado do Paraná. **Regulamento**. Disponível em: <https://www.fiepr.org.br/camfiep/sobre/regulamentoecodigodeetica/uploadAddress/CAMFIEP-Regulamento-de-Arbitragem-e-Mediacao[100094].pdf>. Acesso em: 16 jan. 2023.

No regulamento da ICC, confira menção ao Estado como parte no art. 5º, 1-C, p. 15, e no art. 13, 4-A, p. 27.

ICC. Câmara de Comércio Internacional. **Regulamento de Arbitragem e Regulamento de Mediação**. Disponível em: <https://iccwbo.org/content/uploads/sites/3/2021/03/icc-2021-arbitration-rules-2014-mediation-rules-portuguese-version.pdf>. Acesso em: 16 jan. 2023.

Síntese

Neste capítulo, tratamos do funcionamento do procedimento arbitral, desde seu requerimento até a sentença arbitral, destacando pontos particulares da arbitragem, como a elaboração da ata de missão, a audiência de apresentação do caso, bifurcação da decisão, *expert witnesses/hot-tubbing/written statements* e, por fim, do método *chess clock*.

Além disso, descrevemos como funcionaria, na prática, uma situação de necessidade urgente ou evidente. Vimos também a possibilidade de existir um árbitro de emergência para julgar casos tão importantes quanto esses.

Por fim, analisamos as sentenças arbitrais: requisitos, prazo, ausência de recurso, hipóteses possíveis de declaração e nulidade, bem como cumprimento.

Figura 4.2 – Sinopse do capítulo

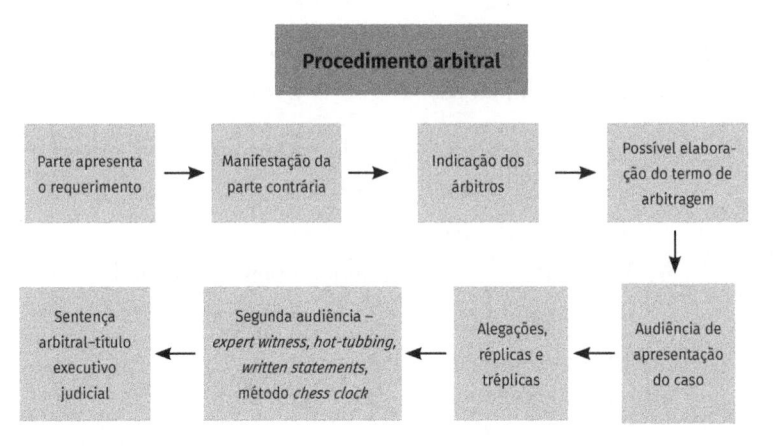

```
                        Procedimento arbitral

Parte apresenta  →  Manifestação da  →  Indicação dos  →  Possível elaboração
o requerimento      parte contrária      árbitros           do termo de
                                                            arbitragem
                                                                ↓
Sentença         ←  Segunda audiência –  ←  Alegações,  ←  Audiência de
arbitral–título     expert witness, hot-tubbing,  réplicas e      apresentação
executivo           written statements,           tréplicas       do caso
judicial            método chess clock
```

Questões para revisão

1) Assinale a alterativa **incorreta** sobre as cláusulas compromissórias em contratos administrativos:

   a. Recomenda-se que contemplem a arbitragem institucional.
   b. Recomenda-se que preveja que a arbitragem seja em língua portuguesa.
   c. Poderá prever que as medidas cautelares e de urgência sejam decididas por um árbitro de emergência antes de instituída a arbitragem.
   d. Poderá prever que as medidas cautelares e de urgência sejam requeridas ao Poder Judiciário antes de instituída a arbitragem.
   e. Poderá prever serem incabíveis medidas cautelares e de urgência na arbitragem.

2) Sobre o cumprimento da sentença arbitral contra a Fazenda Pública, assinale a alternativa **incorreta**:

   a. Deve observar as regras do cumprimento de sentença contra a Fazenda Pública previstas nos arts. 534 e 535 do CPC e art. 100 da CF.
   b. Não é admissível a penhora de bens no procedimento.
   c. Deve seguir o mesmo rito do cumprimento da sentença arbitral contra particular.
   d. É da competência do Poder Judiciário.
   e. Os pagamentos são feitos na ordem cronológica de apresentação dos precatórias e à conta dos créditos respectivos.

3) São técnicas adotadas nos procedimentos arbitrais, exceto:

   a. Método *chess clock*.
   b. Inspeção judicial.
   c. *Hot-tubbing*.
   d. *Expert witness*.
   e. Depoimentos escritos previamente pelas testemunhas.

4) Descreva como ocorre a escolha pelo procedimento arbitral pelo gestor público.

5) A quem cabe definir o rito da arbitragem?

Questões para reflexão

1) Imagine que a prefeita de um município brasileiro visita a França e conhece o Centre Pompidou*, em Paris. A prefeita se encanta e resolve proporcionar aos seus munícipes uma experiência semelhante. Resolve fazer uma grande obra pública de construção e exploração do maior e mais moderno centro artístico-cultural do país, com biblioteca, cinemateca, teatro, parque, centro de línguas, museu, planetário, cafés, restaurantes, *coworking*, escola para oferta de cursos de arte, balé, gastronomia, moda, música, fotografia, *design* e teatro. Considere que a previsão do custo da obra é de 50 milhões de reais, mas o município não tem a verba para essa finalidade e resolve firmar uma parceria público-privada** para atrair investimentos do setor

---

* Confira o *site* do Centre Pompidou, disponível em: <https://www.centrepompidou.fr/fr/>. Acesso em: 16 jan. 2023.

** "Parceria público-privada é o contrato administrativo de concessão, na modalidade patrocinada ou administrativa" (Lei n. 11.079/2004, art. 2º).

privado. Para tanto, faz uma pesquisa para verificar se existem empresas interessadas. Após a pesquisa, constata que empresas europeias têm interesse em investir na cultura brasileira, mas se recusam a firmar contratos que não contenham cláusula compromissória. Há certo receio quanto à segurança jurídica e o tempo de espera de processos judiciais. Caso fosse chamado pela prefeita para analisar a viabilidade jurídica da elaboração de um edital de licitação que contivesse convenção arbitral, como você, na qualidade de procurador-geral do município, orientaria o gestor público? Pense na questão sem adentrar no mérito de outros aspectos jurídicos relacionados à pretendida concessão na modalidade de PPP.

2) Caso seja vencedora em arbitragem, com condenação da parte adversa ao pagamento de quantia, poderá a Administração Pública emitir certidão de dívida ativa e propor execução fiscal na hipótese de descumprimento da sentença?

A arbitragem, método extrajudicial de solução de conflitos, tem evoluído tanto na esfera privada quanto na pública, sendo certo que os profissionais do direito precisam conhecer o referido método para identificar os casos em que é adequado e para atuar nos procedimentos arbitrais. Também frisamos que as arbitragens têm sido cada vez mais utilizadas para solução de disputas relativas a contratos administrativos de alta monta.

Ocorre que o procedimento arbitral que envolve o Poder Público é dotado de peculiaridades e particularidades que exigem aprofundamento do operador do direito, dados os princípios da Administração Pública.

Por isso é que nos propomos a revelar como deve se desenvolver o procedimento arbitral que tem, ao menos como uma das partes, a Administração Pública. No decorrer desta obra, analisamos a arbitragem com o Poder Público considerando sua viabilidade legal, jurisprudencial e doutrinária, além de apontar exemplos práticos e elucidar o procedimento. Esperamos que, neste momento, você tenha sanado suas dúvidas sobre a viabilidade da arbitragem com o Poder Público, pois, além de prevista em diversos instrumentos normativos, é majoritariamente aceita na doutrina e na jurisprudência.

considerações finais

Iniciamos esta obra com a conceituação de Administração Pública direta (União, Estados, Distrito Federal e Municípios) e indireta (autarquias, fundações, sociedades de economia mista e empresas públicas). Seguimos explorando o histórico da arbitragem no setor público no país e evidenciamos ocorrências muito antigas de aplicação da forma privada de solução de conflitos, como o famoso caso Lage. Também discorremos sobre a evolução da legislação respeitante ao tema, que teve como marcos a Lei n. 9.307/1996, conhecida como Lei da Arbitragem, e sua modificação pela Lei n. 13.129/2015, quando foi previsto, expressamente, que a Administração Pública pode submeter seus litígios patrimoniais disponíveis à arbitragem.

Examinamos, na sequência, a arbitrabilidade subjetiva, percebendo que, como a Administração Pública é capaz de contratar, também é capaz de submeter seus litígios à arbitragem. A arbitrabilidade objetiva, conferimos, é respeitante aos conflitos patrimoniais disponíveis, campo vasto para os contratos administrativos firmados pelo Poder Público.

Abordamos a arbitragem de direito e de equidade e a arbitragem institucional e *ad hoc*, verificando que, quando o Poder Público é parte, a arbitragem deve ser de direito e, preferencialmente, institucional, ou seja, administrada por órgão ou instituição arbitral. Os decretos estaduais, municipais e federal que já dispõem sobre o tema foram citados para que o leitor pudesse identificar os principais regramentos da arbitragem com o Poder Público.

Além de refletir sobre a convenção arbitral e suas espécies, apontamos exemplos práticos e reais de contratos administrativos com cláusulas compromissórias e verificamos a possibilidade de o Poder Público firmar compromisso arbitral ainda que o contrato administrativo não tenha previsto a arbitragem como forma de resolução de disputas.

É preciso que o gestor público, orientado pelo advogado público, saiba reconhecer quais contratos administrativos devem contemplar convenções arbitrais. Também destacamos aqui a forma de escolha das câmaras e dos árbitros e algumas particularidades do procedimento arbitral com o Poder Público, como a necessária publicidade, as características quanto ao custo, a sede e o idioma.

Por fim, analisamos o procedimento arbitral, desde o requerimento, sua instauração e seu desenvolvimento até a prolação da sentença, que poderá ser controlada pelo Poder Judiciário nas hipóteses de cabimento previstas no art. 32 da Lei de Arbitragem. Termos como Ata de Missão, *hot-tubbing* e método *chess clock* foram referenciados para mostrar as especificidades que fazem do rito da arbitragem especial. Também averiguamos a tutela provisória na arbitragem, tanto antes quanto após sua instituição, além de termos examinado o cumprimento da sentença arbitral quando a Fazenda Pública é condenada, bem como a necessidade de apoio do Poder Judiciário, dada a ausência de poder de *imperium* dos árbitros.

Esperamos que possa ter apreendido o tema e tenha, agora, ainda mais curiosidade para aprofundar a matéria, conferindo as obras indicadas neste livro e nas referências. Até breve!

lista de siglas

AGU	Advocacia-Geral da União
Anpd	Agência Nacional do Petróleo, Gás Natural e Biocombustíveis
Arbitac	Câmara de Mediação e Arbitragem da Associação Comercial do Paraná
Caesp	Conselho Arbitral do Estado de São Paulo
CAM	Câmara de Arbitragem do Mercado
Camarb	Câmara de Arbitragem Empresarial – Brasil
CAM-CCBC	Câmara de Comércio Brasil-Canadá
Camers	Câmara de Arbitragem Mediação e Conciliação do Ciergs – Centro das Indústrias do Estado do Rio Grande do Sul
Camfiep	Câmara de Arbitragem e Mediação da Federação das Indústrias do Paraná
CBAr	Comitê Brasileiro de Arbitragem
CBMA	Centro Brasileiro de Mediação e Arbitragem
CC	Código Civil de 2002
CF	Constituição Federal de 1988
Ciesp/Fiesp	Câmara de Conciliação, Mediação e Arbitragem da Federação das Indústrias do Estado de São Paulo
CPC	Código de Processo Civil de 2015
IBA	International Bar Association
ICC	Câmara de Comércio Internacional

ICSID	International Centre for Settlement of Investment Disputes
LA	Lei de Arbitragem – Lei n. 9.307/1996
LL	Lei de Licitações e Contratos Administrativos – Lei n. 8.666/1993
MP	Ministério Público
NEA	Núcleo Especializado em Arbitragem
NLLCA	Nova Lei de Licitações e Contratos Administrativos
Petrobras	Petróleo Brasileiro S.A.
PGBC	Procuradoria-Geral do Banco Central
PGFN	Procuradoria-Geral da Fazenda Nacional

ABBUD, A. de A. C. O papel da *soft law* processual no desenvolvimento da arbitragem. In: CARMONA, C. A.; LEMES, S. F.; MARTINS, P. **20 anos da Lei de Arbitragem**: homenagem a Petrônio Muniz. São Paulo: Atlas, 2017, p. 1-21.

AMCHAM Brasil. **Regulamento de Arbitragem**: Estatuto do Centro de Arbitragem e Mediação Amcham. Disponível em: <https://estatico.amcham.com.br/arquivos/2021/arbitragem-comercial-regulamento.pdf>. Acesso em: 16 jan. 2023.

ANAC – Agência Nacional de Aviação Civil. **Contrato de Concessão para Ampliação, Manutenção e Exploração dos Aeroportos Integrantes do Bloco Central**. 19 out. 2021. Disponível em: <https://www.gov.br/anac/pt-br/assuntos/concessoes/aeroportos-concedidos/bloco-central/contrato-assinado/contrato-de-concessao-n-003-anac-2021-central.pdf>. Acesso em: 16 jan. 2023.

ANP – Agência Nacional do Petróleo, Gás Natural e Biocombustíveis. **Resolução de Diretoria n. 69/2014**, de 5 de fevereiro de 2014. Disponível em: <https://atosoficiais.com.br/anp/resolucao-de-diretoria-rd-n-69-2014-definicao-dos-limites-ring-fences-dos-campos-do-parque-das-baleias-bacia-de-campos>. Acesso em: 16 jan. 2023.

APRIGLIANO, R. Cláusula compromissória: aspectos contratuais. **Revista do Advogado**, ano XXXII, n. 116, p. 174-192, jul. 2012. Disponível em: <https://edisciplinas.usp.br/pluginfile.php/122440/mod_resource/content/1/Aprigliano%20-%20Cl%C3%A1usula%20Compromiss%C3%B3ria%20aspectos%20contratuais.pdf>. Acesso em: 16 jan. 2023.

ARAGÃO, A. S. de. A arbitragem no direito administrativo. **Revista de Arbitragem e Mediação**, v. 14, n. 54, p. 25-63, 2017.

ARBITAC – Câmara de Mediação e Arbitragem da Associação Comercial do Paraná. **Regulamento de Arbitragem**. Curitiba, 31 mar. 2021. Disponível em: <https://arbitac.com.br/wp-content/uploads/2021/03/Regulamento-de-Arbitragem-da-ARBITAC-5.pdf>. Acesso em: 16 jan. 2023.

BACK, G. C. **Arbitragem como método de resolução de conflitos de natureza transindividual**. 2018. 178 f. Dissertação (Mestrado em Direito) – Faculdade de Direito da Fundação Escola Superior do Ministério Público do Estado do Rio Grande do Sul, Porto Alegre, 2014. Disponível em: <https://fmp.edu.br/wp-content/uploads/2021/03/Gabriela-Back.pdf>. Acesso em: 16 jan. 2023.

BARALDI, E. B. Caso Parque das Baleias. Comentário ao acórdão. **Revista Brasileira de Arbitragem**, n. 58, p. 93-163, 2018.

BIRD – Banco Internacional para Reconstrução e Desenvolvimento. **Diretrizes para aquisições financiadas por empréstimos do bird e créditos da AID**. Maio 2004. Disponível em: <https://www.gov.br/cgu/pt-br/assuntos/auditoria-e-fiscalizacao/avaliacao-da-gestao-dos-administradores/auditorias-nos-contratos-e-financiamentos-externos-e-nos-projetos-de-cooperacao-tecnica-internacional/arquivos/bird-diretrizes-aquisicoes-rev-mai2010.pdf>. Acesso em: 16 jan. 2023.

BOEING, A. P. S.; KLEIN, V. Para além da legalidade: a eficiência e a vantajosidade da arbitragem para a Administração Pública. In: MARINONI, L. G.; LEITÃO, C. B. (Coord.). **Arbitragem e direito processual**. São Paulo: Thomson Reuters Brasil, 2021. p. 563-583.

BRAGHETTA, A. A importância da sede da arbitragem. In: LEMES, S. F.; CARMONA, C. A.; MARTINS, P. A. B. (Coord.). **Arbitragem**: estudos em homenagem ao Prof. Guido Fernando da Silva Soares. São Paulo: Atlas, 2007. v. 1. p. 18-32.

BRASIL. Constituição (1824). **Coleção de Leis do Império do Brasil** – 1824, p. 7, v. 1. Disponível em:<http://www.planalto.gov.br/ccivil_03/constituicao/constituicao24.htm>. Acesso em: 16 jan. 2023.

BRASIL. Constituição (1891). **Diário Oficial da União**, Rio de Janeiro, RJ, 24 fev. 1891. Disponível em:<http://www.planalto.gov.br/ccivil_03/constituicao/constituicao91.htm>. Acesso em: 16 jan. 2023.

BRASIL. Constituição (1934). **Diário Oficial da União**, Rio de Janeiro, RJ, 16 jul. 1934. Disponível em: <http://www.planalto.gov.br/ccivil_03/constituicao/constituicao34.htm >. Acesso em: 16 jan. 2023.

BRASIL. Constituição (1937). **Diário Oficial da União**, Rio de Janeiro, RJ, 10 nov. 1937. Disponível em:<http://www.planalto.gov.br/ccivil_03/constituicao/constituicao37.htm>. Acesso em: 16 jan. 2023.

BRASIL. Constituição (1946). **Diário Oficial da União**, Rio de Janeiro, RJ, 19 set. 1946a. Disponível em: <http://www.planalto.gov.br/ccivil_03/constituicao/constituicao46.htm>. Acesso em: 16 jan. 2023.

BRASIL. Constituição (1967). **Diário Oficial da União**, Brasília, DF, 24 jan. 1967a. Disponível em:<http://www.planalto.gov.br/ccivil_03/constituicao/constituicao67.htm>. Acesso em: 16 jan. 2023.

BRASIL. Constituição (1988). **Diário Oficial da União**, Brasília, DF, 5 out. 1988. Disponível em: <http://www.planalto.gov.br/ccivil_03/constituicao/constituicaocompilado.htm>. Acesso em: 16 jan. 2023.

BRASIL. Decreto n. 684, de 23 de agosto de 1890. **Coleção de Leis do Brasil**–1890, p. 1949, v. VIII. Disponível em <https://www2.camara.leg.br/legin/fed/decret/1824-1899/decreto-684-23-agosto-1890-523710-norma-pe.html>. Acesso em: 16 jan. 2023.

BRASIL. Decreto n. 3.900, de 26 de junho de 1867. **Coleção de Leis do Império do Brasil**, 1867. Disponível em: <http://www.planalto.gov.br/ccivil_03/decreto/historicos/dim/dim3900.htm#:~:text=DECRETO%20N%C2%BA%203.900%2C%20DE%2026,a%20autorisa%C3%A7%C3%A3o%20concedida%20pelo%20art.>. Acesso em: 16 jan. 2023.

BRASIL. Decreto n. 4.797, de 4 de outubro de 1871. **Coleção de Leis do Império do Brasil** 1871, p. 559, v. 1. I. Disponível em:<https://www2.camara.leg.br/legin/fed/decret/1824-1899/decreto-4797-4-outubro-1871-552226-publicacaooriginal-69329-pe.html>. Acesso em: 16 jan. 2023.

BRASIL. Decreto n. 7.724, de 16 de maio de 2012. **Diário Oficial da União**, Brasília, DF, 16 maio 2012a. Disponível em: <http://www.planalto.gov.br/ccivil_03/_ato2011-2014/2012/decreto/d7724.htm>. Acesso em: 16 jan. 2023.

BRASIL. Decreto n. 7.959, de 29 de dezembro de 1880. **Coleção de Leis do Império do Brasil**, 1880, p. 922, v. 1, pt 2. Disponível em: <https://www2.camara.leg.br/legin/fed/decret/1824-1899/decreto-7959-29-dezembro-1880-547352-publicacaooriginal-62081-pe.html>. Acesso em: 16 jan. 2023.

BRASIL. Decreto n. 10.025, de 20 de setembro de 2019. **Diário Oficial da União**, Brasília, DF, 23 set. 2019a. Disponível em: <http://www.planalto.gov.br/ccivil_03/_ato2019-2022/2019/decreto/D10025.htm>. Acesso em: 16 jan. 2023.

BRASIL. Decreto-Lei n. 200, de 25 de fevereiro de 1967. **Diário Oficial da União**, Brasília, DF, 27 fev. 1967b. Disponível em: <http://www.planalto.gov.br/ccivil_03/decreto-lei/del0200.htm>. Acesso em: 16 jan. 2023.

BRASIL. Decreto-Lei n. 1.312, de 15 de fevereiro de 1974. **Diário Oficial da União**, Brasília, DF, 19 fev. 1974a. Disponível em: <http://www.planalto.gov.br/ccivil_03/decreto-lei/1965-1988/Del1312.htm>. Acesso em: 16 jan. 2023.

BRASIL. Decreto-Lei n. 9.521, de 26 de julho de 1946. **Diário Oficial da União**, Rio de Janeiro, RJ, 27 jul. 1946b. Disponível em: <https://www2.camara.leg.br/legin/fed/declei/1940-1949/decreto-lei-9521-26-julho-1946-417649-publicacaooriginal-1-pe.html>. Acesso em: 16 jan. 2023.

BRASIL. Lei n. 556, de 25 de junho de 1850. **Coleção de Leis do Império do Brasil**, 1850. Disponível em <http://www.planalto.gov.br/ccivil_03/leis/lim/lim556.htm>. Acesso em: 16 jan. 2023.

BRASIL. Lei n. 1.518, de 24 de dezembro de 1951. **Diário Oficial da União**, Rio de Janeiro, RJ, 26 dez. 1951. Disponível em: <http://www.planalto.gov.br/ccivil_03/leis/1950-1969/l1518.htm>. Acesso em: 16 jan. 2023.

BRASIL. Lei n. 3.071, de 1º de janeiro de 1916. **Diário Oficial da União**, Rio de Janeiro, RJ, 1 de janeiro de 1916. Disponível em <http://www.planalto.gov.br/ccivil_03/leis/l3071.htm>. Acesso em: 16 jan. 2023.

BRASIL. Lei n. 7.347, de 24 de julho de 1985. **Diário Oficial da União**, Brasília, DF, 25 jul. 1985. Disponível em: <http://www.planalto.gov.br/ccivil_03/leis/l7347orig.htm>. Acesso em: 16 jan. 2023.

BRASIL. Lei n. 8.069, de 13 de julho de 1990. **Diário Oficial da União**, Brasília, DF, 16 jul. 1990. Disponível em: <http://www.planalto.gov.br/ccivil_03/leis/l8069.htm>. Acesso em: 16 jan. 2023.

BRASIL. Lei n. 8.666, de 21 de junho de 1993. **Diário Oficial da União**, Brasília, DF, 22 jun. 1993. Disponível em: <http://www.planalto.gov.br/ccivil_03/leis/l8666cons.htm>. Acesso em: 16 jan. 2023.

BRASIL. Lei n. 8.987, de 13 de fevereiro de 1995. **Diário Oficial da União**, Brasília, DF, 14 fev. 1995. Disponível em: <https://legis.senado.leg.br/norma/550863/publicacao/15648622>. Acesso em: 16 jan. 2023.

BRASIL. Lei n. 9.307, de 23 de setembro de 1996. **Diário Oficial da União**, Brasília, DF, 24 set. 1996. Disponível em <http://www.planalto.gov.br/ccivil_03/leis/l9307.htm>. Acesso em: 16 jan. 2023.

BRASIL. Lei n. 9.472, de 16 de julho de 1997. **Diário Oficial da União**, Brasília, DF, 17 jul. 1997a. Disponível em: <http://www.planalto.gov.br/ccivil_03/leis/l9472.htm>. Acesso em: 16 jan. 2023.

BRASIL. Lei n. 9.478, de 6 de agosto de 1997. **Diário Oficial da União**, Brasília, DF, 7 ago. 1997b. Disponível em: <http://www.planalto.gov.br/ccivil_03/leis/l9478.htm>. Acesso em: 16 jan. 2023.

BRASIL. Lei n. 10.233, de 5 de junho de 2001. **Diário Oficial da União**, Brasília, DF, 6 jun. 2001. Disponível em: <http://www.planalto.gov.br/ccivil_03/leis/leis_2001/l10233.htm>. Acesso em: 16 jan. 2023.

BRASIL. Lei n. 10.406, de 10 de janeiro de 2002. **Diário Oficial da União**, Brasília, DF, 11 jan. 2002. Disponível em: <http://www.planalto.gov.br/ccivil_03/leis/2002/l10406compilada.htm>. Acesso em: 16 jan. 2023.

BRASIL. Lei n. 10.848, de 15 de março de 2004. **Diário Oficial da União**, Brasília, DF, 16 mar. 2004a. Disponível em: <http://www.planalto.gov.br/ccivil_03/_ato2004-2006/2004/lei/l10.848.htm>. Acesso em: 16 jan. 2023.

BRASIL. Lei n. 11.079, de 30 de dezembro de 2004. **Diário Oficial da União**, Brasília, DF, 31 dez. 2004b. Disponível em: <http://www.planalto.gov.br/ccivil_03/_ato2004-2006/2004/lei/l11079.htm>. Acesso em: 16 jan. 2023.

BRASIL. Lei n. 11.196, de 21 de novembro de 2005. **Diário Oficial da União**, Brasília, DF, 22 nov. 2005. Disponível em: <http://www.planalto.gov.br/ccivil_03/_ato2004-2006/2005/lei/l11196.htm>. Acesso em: 16 jan. 2023.

BRASIL. Lei n. 11.442, de 5 de janeiro de 2007. **Diário Oficial da União**, Brasília, DF, 8 jan. 2007. Disponível em: <http://www.planalto.gov.br/ccivil_03/_ato2007-2010/2007/lei/l11442.htm>. Acesso em: 16 jan. 2023.

BRASIL. Lei n. 11.909, de 4 de março de 2009. **Diário Oficial da União**, Brasília, DF, 5 mar. 2009. Disponível em: <http://www.planalto.gov.br/ccivil_03/_ato2007-2010/2009/lei/l11909.htm>. Acesso em: 16 jan. 2023.

BRASIL. Lei n. 12.462, de 4 de agosto de 2011. **Diário Oficial da União**, Brasília, DF, 5 ago. 2011a. Disponível em <http://www.planalto.gov.br/ccivil_03/_ato2011-2014/2011/lei/l12462.htm>. Acesso em: 16 jan. 2023.

BRASIL. Lei n. 12.527, de 18 de novembro de 2011. **Diário Oficial da União**, Brasília, DF, 18 nov. 2011b. Disponível em <http://www.planalto.gov.br/ccivil_03/_ato2011-2014/2011/lei/l12527.htm>. Acesso em: 16 jan. 2023.

BRASIL. Lei n. 12.815, de 5 de junho de 2013. **Diário Oficial da União**, Brasília, DF, 5 jun. 2013. Disponível em: <http://www.planalto.gov.br/ccivil_03/_ato2011-2014/2013/lei/l12815.htm>. Acesso em: 16 jan. 2023.

BRASIL. Lei n. 13.105, de 16 de março de 2015. **Diário Oficial da União**, Brasília, DF, 17 mar. 2015a. Disponível em: <https://www.planalto.gov.br/ccivil_03/_ato2015-2018/2015/lei/l13105.htm>. Acesso em: 16 jan. 2023.

BRASIL. Lei n. 13.129, de 26 de maio de 2015. **Diário Oficial da União**, Brasília, DF, 27 maio 2015b. Disponível em: <http://www.planalto.gov.br/ccivil_03/_ato2015-2018/2015/lei/l13129.htm>. Acesso em: 16 jan. 2023.

BRASIL. Lei n. 13.140, de 26 de junho de 2015. **Diário Oficial da União**, Brasília, DF, 29 jun. LM, 2015c. Disponível em: < http://www.planalto.gov.br/ccivil_03/_ato2015-2018/2015/lei/l13140.htm>. Acesso em: 16 jan. 2023.

BRASIL. Lei n. 13.303, de 30 de junho de 2016. **Diário Oficial da União**, Brasília, DF, 1 jul. 2016a. Disponível em: <http://www.planalto.gov.br/ccivil_03/_ato2015-2018/2016/lei/l13303.htm>. Acesso em: 16 jan. 2023.

BRASIL. Lei n. 13.448, de 5 de junho de 2017. **Diário Oficial da União**, Brasília, DF, 6 jun. 2017a. Disponível em: <http://www.planalto.gov.br/ccivil_03/_ato2015-2018/2017/lei/l13448.htm>. Acesso em: 16 jan. 2023.

BRASIL. Lei n. 13.867, de 26 de agosto de 2019. **Diário Oficial da União**, Brasília, DF, 27 ago. 2019b. Disponível em: <http://www.planalto.gov.br/ccivil_03/_ato2019-2022/2019/lei/L13867.htm>. Acesso em: 16 jan. 2023.

BRASIL. Lei n. 14.133, de 1 de abril de 2021. **Diário Oficial da União**, Brasília, DF, 1 abr. 2021a. Disponível em: <http://www.planalto.gov.br/ccivil_03/_ato2019-2022/2021/lei/L14133.htm>. Acesso em: 16 jan. 2023.

BRASIL. Lei n. 14.134, de 8 de abril de 2021. **Diário Oficial da União**, Brasília, DF, 9 abr. 2021b. Disponível em: <http://www.planalto.gov.br/ccivil_03/_ato2019-2022/2021/lei/L14134.htm>. Acesso em: 16 jan. 2023.

BRASIL. **Ordenações Filipinas**. Rio de Janeiro: Typ. do Instituto Philomathico, 1870. Disponível em: <https://www2.senado.leg.br/bdsf/handle/id/242733>. Acesso em: 16 jan. 2023.

BRASIL. Advocacia-Geral da União. Portaria n. 320, de 13 de junho de 2019. **Boletim de Serviço**, Brasília, DF, 17 jun. 2019c. Disponível em: <https://www.gov.br/agu/pt-br/composicao/cgu/cgu/neadir/arquivos/190613_portaria_agu_320_de_13_de_junho_de_2019_-_institui_o_nucleo_especializado_em_arbitragem_-_edi.pdf>. Acesso em: 16 jan. 2023.

BRASIL. Advocacia-Geral da União. Portaria Normativa n. 42, de 7 de março de 2022. **Diário Oficial da União**, Brasília, DF, 9 mar. 2022. Disponível em: <https://www.in.gov.br/en/web/dou/-/portaria-normativa-agu-n-42-de-7-de-marco-de-2022-384521069>. Acesso em: 16 jan. 2023.

BRASIL. Superior Tribunal de Justiça. AgRg no Mandado de Segurança n. 11.308-DF. Relator: Ministro Luiz Fux, Julgado em 28 jun. 2006. **Diário da Justiça eletrônico**, Brasília, DF, 14 ago. 2006a. Disponível em: <https://scon.stj.jus.br/SCON/GetInteiroTeorDoAcordao?num_registro=200502127630&dt_publicacao=14/08/2006>. Acesso em: 16 jan. 2023.

BRASIL. Superior Tribunal de Justiça. Conflito de competência n. 111.230 (2010/0058736-6). Relatora Ministra Nancy Andrighi, julgado em 8 maio 2013. **Diário da Justiça eletrônico**, Brasília, DF, 3 abr. 2014. Disponível em: <https://processo.stj.jus.br/SCON/GetInteiroTeorDoAcordao?num_registro=201000587366&dt_publicacao=03/04/2014>. Acesso em: 16 jan. 2023.

BRASIL. Superior Tribunal de Justiça. Conflito de competência n. 139.519 (2015/0076635-2). Relator: Ministro Napoleão Nunes Maia Filho. Relatora p/acórdão: Ministra Regina Helena Costa, julgado em 11 out. 2017. **Diário da Justiça eletrônico**, Brasília, DF, 10 nov. 2017b. Disponível em: <https://scon.stj.jus.br/SCON/GetInteiroTeorDoAcordao?num_registro=201500766352&dt_publicacao=10/11/2017>. Acesso em: 16 jan. 2023.

BRASIL. Superior Tribunal de Justiça. Conflito de Competência n. 146.939/PA. Rel. Ministro Marco Aurélio Bellizze, julgado em 23 nov. 2016, **Diário da Justiça eletrônico**, Brasília, DF, 30 nov. 2016b.

BRASIL. Superior Tribunal de Justiça. Mandado de Segurança n. 11.308/DF. Relator Ministro Luiz Fux, julgado em 9 abr. 2008. **Diário da Justiça eletrônico**, Brasília, DF, 19 maio. 2008. Disponível em: <https://scon.stj.jus.br/SCON/GetInteiroTeorDoAcordao?num_registro=200502127630&dt_publicacao=19/05/2008>. Acesso em: 16 jan. 2023.

BRASIL. Superior Tribunal de Justiça. Recurso Especial n. 904.813/PR. Relatora Ministra Nancy Andrighi, julgado em 20 out. 2011. **Diário da Justiça eletrônico**, Brasília, DF, 28 fev. 2012b. Disponível em: <https://scon.stj.jus.br/SCON/GetInteiroTeorDoAcordao?num_registro=200600381112&dt_publicacao=28/02/2012>. Acesso em: 16 jan. 2023.

BRASIL. Superior Tribunal de Justiça. Recurso Especial n. 612.439/RS. Relator: Ministro João Otávio de Noronha, julgado em 25 out. 2005. **Diário da Justiça eletrônic**o, Brasília, DF, 14 set. 2006b. Disponível em: <https://scon.stj.jus.br/SCON/GetInteiroTeorDoAcordao?num_registro=200302124603&dt_publicacao=14/09/2006>. Acesso em: 16 jan. 2023.

BRASIL. Supremo Tribunal Federal. Agravo de Instrumento n. 52.181/GB – Guanabara. Relator(a): Min. Bilac Pinto, julgado em 14 nov. 1973. **Diário da Justiça**, Brasília, DF, 15 fev. 1974b. Disponível em: <https://jurisprudencia.stf.jus.br/pages/search/sjur157298/false>. Acesso em: 16 jan. 2023.

CAESP – Conselho Arbitral do Estado de São Paulo. **Regulamento**. Disponível em: <https://secureservercdn.net/198.71.233.226/u5r.3ac.myftpupload.com/wp-content/uploads/2022/04/regulamento-arbitragem-2022.pdf>. Acesso em: 16 jan. 2023.

CAHALI, F. J. **Curso de arbitragem**: mediação, conciliação, tribunal multiportas. 8. ed. São Paulo: Thomson Reuters Brasil, 2020.

CAM – Câmara do Mercado. **Regulamento**. 20 set. 2011 Disponível em: <https://www.camaradomercado.com.br/pt-br/arbitragem.html>. Acesso em: 16 jan. 2023.

CAMARB – Câmara de Arbitragem Empresarial. **Regulamento de Arbitragem**, 2017. Disponível em: <https://camarb.com.br/wpp/wp-content/uploads/2018/11/regulamento-arbitragem.pdf>. Acesso em: 16 jan. 2023.

CAM-CCBC – Centro de Arbitragem e Mediação da Câmara de Comércio Brasil-Canadá. **Modelos de cláusulas**. Disponível em: <https://ccbc.org.br/cam-ccbc-centro-arbitragem-mediacao/resolucao-de-disputas/arbitragem/modelos-de-clausula/>. Acesso em: 16 jan. 2023.

CAM-CCBC – Centro de Arbitragem e Mediação da Câmara de Comércio Brasil-Canadá. **Resolução Administrativa n. 9/2014**: Arbitragens com a Administração Pública Brasileira. 20 out. 2014. Disponível em: <https://ccbc.org.br/cam-ccbc-centro-arbitragem-mediacao/resolucao-de-disputas/resolucoes-administrativas/ra-09-2014-arbitragens-com-a-adm-publica-brasileira/>. Acesso em: 16 jan. 2023.

CAM-CCBC – Centro de Arbitragem e Mediação da Câmara de Comércio Brasil-Canadá. **Resolução Administrativa n. 15/2016**: Publicidade em procedimentos com a Adm. Pública Direta. 20 jan. 2016. Disponível em: <https://ccbc.org.br/cam-ccbc-centro-arbitragem-mediacao/resolucao-de-disputas/resolucoes-administrativas/ra-15-2016-publicidade-em-procedimentos-com-a-adm-publica-direta/>. Acesso em: 16 jan. 2023.

CAM-CCBC – Centro de Arbitragem e Mediação da Câmara de Comércio Brasil-Canadá. **Regulamento de Arbitragem**. 28 abr. 2016. Disponível em: <https://storage.googleapis.com/stateless-ccbc-org-br/2018/09/a1dc1322-rn01-01-regulamento-de-arbitragem.pdf>. Acesso em: 16 jan. 2023.

CAMERS – Câmara de Arbitragem Mediação e Conciliação do Centro das Indústrias do Rio Grande do Sul. Disponível em: <https://www.camers.org.br>. Acesso em: 16 jan. 2023.

CAMFIEP – Câmara de Arbitragem e Mediação da Federação das Indústrias do Paraná. **Câmara de arbitragem e mediação**. Disponível em: <https://www.fiepr.org.br/camfiep/>. Acesso em: 16 jan. 2023.

CARMONA, C. A. Arbitragem e jurisdição. **Revista de Processo**, São Paulo, n. 58, p. 33-40, abr.-jun. 1990.

CARMONA, C. A. **Arbitragem e processo**. 2. ed. São Paulo: Atlas, 2004.

CBMA – Centro Brasileiro de Mediação e Arbitragem. **Regulamento de Arbitragem**. 2013. Disponível em: <https://cbma.com.br/wp-content/uploads/2022/01/Regulamento-de-Arbitragem-valido-a-partir-de-01.02.2013.pdf>. Acesso em: 16 jan. 2023.

CIESP-FIESP. Câmara de Conciliação, Mediação e Arbitragem. **Resolução n. 9, de 4 de outubro de 2021**. Disponível em: <http://www.camaradearbitragemsp.org.br/pt/res/docs/arbitragem/resolucao_9_2021_administracao_publica_ass.pdf>. Acesso em: 16 jan. 2023.

CJF – Conselho da Justiça Federal. Centro de Estudos Judiciários. Enunciados aprovados. JORNADA PREVENÇÃO E SOLUÇÃO EXTRAJUDICIAL DE LITÍGIOS, 1., 2016, Brasília, DF. **Anais**... Disponível em: <https://www.cjf.jus.br/cjf/corregedoria-da-justica-federal/centro-de-estudos-judiciarios-1/prevencao-e-solucao-extrajudicial-de-litigios>. Acesso em: 16 jan. 2023.

CJF – Conselho da Justiça Federal. Centro de Estudos Judiciários. Enunciados aprovados. JORNADA PREVENÇÃO E SOLUÇÃO EXTRAJUDICIAL DE LITÍGIOS, 2., 2021, Brasília, DF. **Anais**... Disponível em: <https://www.cjf.jus.br/cjf/corregedoria-da-justica-federal/centro-de-estudos-judiciarios-1/prevencao-e-solucao-extrajudicial-de-litigios>. Acesso em: 16 jan. 2023.

COUTURE, E. J. **Vocabulario juridico**. Buenos Aires: Depalma, 1988.

CUÉLLAR, L. **Introdução às agências reguladoras brasileiras**. Belo Horizonte: Fórum, 2008.

CUÉLLAR, L. O advogado como arquiteto de processos. In: CUÉLLAR, L. et al. **Direito administrativo e Alternative Dispute Resolution**: arbitragem, dispute board, mediação e negociação. Belo Horizonte: Fórum, 2020. p. 19-22.

CUNHA, L. C. da. **A fazenda pública em juízo**. 18. ed. Rio de Janeiro: Forense, 2021.

DEUS, A. R. S. de. Arbitrabilidade objetiva e Administração Pública: quais matérias podem ser arbitradas? **Revista Brasileira de Arbitragem**, v. 18, n. 72, p. 10-46, out.-dez., 2021.

DIDIER JR., F. **Enunciados do Fórum Permanente de Processualistas Civis**. Carta de Florianópolis, março de 2017, Salvador: JusPodivm, 2018.

DINAMARCO, C. R. **A arbitragem na teoria geral do processo**. São Paulo: Malheiros, 2013.

DI PIETRO, M. S. Z. **Direito administrativo**. 35. ed. rev., atual. e ampl. Rio de Janeiro: Forense, 2022.

DINIZ, M. H. **Código Civil anotado**. 8. ed. São Paulo: Saraiva, 2002.

ESTEFAM, F. F. **Arbitragem e Administração Pública**: a estruturação da cláusula arbitral em face do regime jurídico-administrativo. 2018. 245 f.

Tese (Doutorado em Direito) – Programa de Estudos Pós-Graduados em Direito, Pontifícia Universidade Católica de São Paulo, São Paulo, 2017. Disponível em: <https://repositorio.pucsp.br/jspui/handle/handle/21100>. Acesso em: 16 jan. 2023.

FERREIRA, O. A. V. A. F.; ROCHA, M. L.; FERREIRA, D. C. F. A. A. **Lei de Arbitragem comentada.** 2. ed. São Paulo: Juspodivm, 2021.

FGV – Fundação Getúlio Vargas. Câmara de Mediação e Arbitragem. **Regulamento.** 2016. Disponível em: <https://camara.fgv.br/artigos/versao-de-2016-vigente>. Acesso em: 16 jan. 2023.

FICHTNER, J. A.; MANNHEIMER, S. N.; MONTEIRO, A. L. **Teoria geral da arbitragem.** Rio de Janeiro: Forense, 2019.

FIGUEIRA JUNIOR, J. D. **Arbitragem.** Rio de Janeiro: Forense, 2019.

FLAUSINO, V. F. V. **Arbitragem nos contratos de concessão de serviços públicos e de parceria público-privada.** Curitiba: Juruá, 2015.

GARCIA, F. A. Dispute boards e os contratos de concessão. In: CUÉLLAR, L.; et al. **Direito administrativo e alternative dispute resolution**: arbitragem, dispute board, mediação e negociação. Belo Horizonte: Fórum, 2020. p. 99-111.

GRAU, E. R. Arbitragem e contrato administrativo. **Revista Trimestral de Direito Público**, São Paulo: Malheiros, v. 32, p. 14-20, 2000.

GRINOVER, A. P.; GONÇALVES, E. D. Conferência sobre arbitragem na tutela dos interesses difusos e coletivos. **Revista de Processo**, São Paulo, n. 136, p. 249-267, jun. 2006.

GUERRERO, L. F. **Convenção de arbitragem e processo arbitral.** São Paulo: Atlas, 2009.

HANTHORNE, B. de O. C. **Métodos consensuais de solução de conflitos.** Curitiba: InterSaberes, 2022.

IBA – International Bar Association. **Diretrizes da IBA relativas a conflitos de interesses em arbitragem internacional.** Disponível em: <https://cbar.org.br/site/wp-content/uploads/2012/05/Guidelines-on-Conflicts-of-Interest-in-Intl-Arbitration-portuguese.pdf>. Acesso em: 16 jan. 2023.

IBA – International Bar Association. IBA Guidelines on Conflicts of Interest in International Arbitration. 23 out. 2014. Disponível em: <https://www.ibanet.org/MediaHandler?id=e2fe5e72-eb14-4bba-b10d-d33dafee8918>. Acesso em: 16 jan. 2023.

ICC – Câmara do Comércio Internacional. **Regulamento de arbitragem e Regulamento de mediação.** 2014. Disponível em: <https://iccwbo.org/content/uploads/sites/3/2021/03/icc-2021-arbitration-rules-2014-mediation-rules-portuguese-version.pdf>. Acesso em: 16 jan. 2023.

ICC – International Chamber of Commerce. **Report Controlling Time and Costs in Arbitration**, March, 2018. Disponível em: <https://iccwbo.org/content/uploads/sites/3/2018/03/icc-arbitration-commission-report-on-techniques-for-controlling-time-and-costs-in-arbitration-english-version.pdf>. Acesso em: 16 jan. 2023.

LEITÃO, C. B. Poder normativo da Aneel: análise da proposta de modificação da Resolução Normativa nº 482/2012 e o impacto na geração de energia própria renovável. **Revista de Direito Público da Economia**, ano 19, n. 70, p. 63-79, abr./jun. 2020.

LEITÃO, C. B. Tutela antecipada e tutela cautelar na arbitragem. **Revista Jurídica da Procuradoria-Geral do Estado do Paraná Direito do Estado em Debate**, Edição especial sobre métodos adequados de solução de conflitos envolvendo a Administração Pública, Curitiba: PGE/PR, n. 11, 2020.

LEITÃO, C. B. O Caso Suzano como ponto de partida para a arquitetura das indenizações administrativas: o interesse público, a resolução adequada de conflitos do poder público e a justiça multiportas. **Revista Direito do Estado em Debate**, Edição especial comemorativa dos 75 anos PGE-PR, Curitiba: NCA Comunicação e Editora Ltda., p. 27-56, 2021.

LEMES, S. M. F. Arbitragem em números e valores. **Selma Lemes Advogados**, 2019. Disponível em: <http://selmalemes.adv.br/artigos/PesquisaArbitragens2019.pdf>. Acesso em: 16 jan. 2023.

LEMES, S. M. F. O dever de revelação do árbitro, o conceito de dúvida justificada quanto a sua independência e imparcialidade. **Revista de Arbitragem e Mediação**, São Paulo, v. 10, n. 36, p. 231-251, jan./mar. 2013.

LEMES, S. M. F. **Arbitragem na Administração Pública**. São Paulo: Quartier Latin, 2007.

LORENCINI, M. A. G. L. Sistema multiportas: opções para tratamento de conflitos de forma adequada. In: SALES, C. A. de; LORENCINI, M. A. G. L.; SILVA, P. E. A. da. (Org.). **Mediação, negociação e arbitragem**: curso para programas de graduação em direito. São Paulo: Método, 2012, p. 57-85.

MARIANI, R. G. **Arbitragens coletivas no Brasil**. São Paulo: Atlas, 2015.

MARINONI, L. G.; ARENHART, S.; MITIDIERO, D. **Novo curso de processo civil**: tutela dos direitos mediante procedimentos diferenciados. São Paulo: Revista dos Tribunais, 2015. v. 3.

MASTROBUONO, C. M. W. Pesquisa: regras de imparcialidade e independência na produção de provas nas arbitragens. **Revista Brasileira de Arbitragem**, v. 17, n. 67, p. 32-77, set. 2020.

MELLO, C. A. B. de. **Curso de direito administrativo**. 29. ed. São Paulo: Malheiros, 2012.

MELLO, R. M. de. Arbitragem e Administração Pública. **Direito do Estado em Debate: Revista da Procuradoria-Geral do Estado do Paraná**, Curitiba, n. 6, p. 47-81, 2015. Disponível em: <https://www.pge.pr.gov.br/sites/default/arquivos_restritos/files/documento/2019-10/2015_003artigo_2_arbitragem_e_administracao_publica.pdf>. Acesso em: 16 jan. 2023.

MINAS GERAIS. Lei n. 19.477, de 12 de janeiro de 2011. **Diário Oficial do Estado**, Belo Horizonte, MG, 13 jan. 2011. Disponível em: <https://www.legisweb.com.br/legislacao/?id=142620>. Acesso em: 16 jan. 2023.

MOREIRA, E. B.; CRUZ, E. S. Editais de licitação e definição de câmaras arbitrais: como transpor os desafios. In: CUÉLLAR, L. et al. **Direito administrativo e alternative dispute resolution**: arbitragem, dispute board, mediação e negociação. 2. ed. Belo Horizonte: Fórum, 2022a. p. 249-258.

MOREIRA, E. B.; CRUZ, E. S. O credenciamento de câmaras arbitrais pela Administração Pública. In: CUÉLLAR, L. et al. **Direito administrativo e alternative dispute resolution**: arbitragem, dispute board, mediação e negociação. 2. ed. Belo Horizonte, 2022b. p. 231-248.

MOREIRA, E. B.; CRUZ, E. S. Regulação e arbitragem – Caso Petrobras vs. ANP: CC nº 139.519-RJ – STJ. In: MARQUES NETO, F. de A.; MOREIRA, E. B.; GUERRA, S. (Coord.). **Dinâmica da regulação: estudos de casos da jurisprudência brasileira**. Belo Horizonte: Fórum, 2021. p. 261-283.

MOREIRA, E. B.; KATO, M. A. Regulação econômica e segurança energética: breves notas sobre o caso brasileiro. In: ROCHA, F. A. da (Coord.). **Temas relevantes no direito de energia elétrica**. Rio de Janeiro: Synergia, 2013. Tomo II. p. 210-239.

MOREIRA NETO, D. de F. Arbitragem nos contratos administrativos. **Revista de Direito Administrativo**, Rio de Janeiro, n. 209, p. 81-90, jul./set. 1997. Disponível em: <https://bibliotecadigital.fgv.br/ojs/index.php/rda/article/view/47043/46028>. Acesso em: 16 jan. 2023.

MUNIZ, J. de P. **Introdução à arbitragem e M&A**: coletânea de artigos. Curso Prático de Arbitragem, 2021. E-book.

MUNIZ, J. de P.; SILVEIRA, B. A. M. da. Arbitragens coletivas e interpretação estrita das regras de independência e imparcialidade para a nomeação dos árbitros. In: MONTEIRO, A. L.; PEREIRA, G. S. J.; BENEDUZI, R. (Coord.). **Arbitragem coletiva societária**. São Paulo: Thomson Reuters Brasil, 2021. p. 231-254.

NERY, A. L. **Arbitragem coletiva**. São Paulo: Revista dos Tribunais, 2016.

OLIVEIRA, G. J. de; ESTEFAM, F. F. **Curso prático de arbitragem e Administração Pública**. São Paulo: Thomson Reuters Brasil, 2019.

PEREIRA, A. C. M. Dispute Boards e Administração Pública: a utilização dos dispute boards como alternativa extrajudicial. **Fórum Administrativo**, Belo Horizonte, ano 15, n. 168, p. 9-28, fev. 2015.

PEREIRA, C. M. da S. **Instituições de Direito Civil**. 33. ed. rev. e atual. Rio de Janeiro: Forense, 2020. v. I – Introdução ao Direito Civil – Teoria Geral de Direito Civil.

PITOMBO, E. C.; ANCEL, B. Os efeitos da convenção de arbitragem: adoção do princípio Kompetenz-Kompetenz no Brasil. In: LEMES, S. F.; CARMONA, C. A.; MARTINS, P. B. **Arbitragem**: estudos em homenagem ao Prof. Guido Fernando Silva Soares, in memoriam. São Paulo: Atlas, 2006. p. 326-338.

RIO DE JANEIRO (Estado). Decreto n. 46.245, de 19 de fevereiro de 2018. **Diário Oficial do Estado**, Rio de Janeiro, RJ, 20 de fevereiro de 2018. Disponível em: <https://biblioteca.pge.rj.gov.br/scripts/bnweb/bnmapi.exe?router=upload/49706>. Acesso em: 16 jan. 2023.

RIO GRANDE DO SUL. Decreto n. 55.996, de 14 de julho de 2021. **Diário Oficial Do Estado**, Porto Alegre, 15 jul. 2021. Disponível em: <http://www.al.rs.gov.br/filerepository/repLegis/arquivos/DEC%2055.996.pdf>. Acesso em: 16 jan. 2023.

ROQUE, A. V. **Arbitragem de direitos coletivos no Brasil**: admissibilidade, finalidade e estrutura. 288 f. Tese (Doutorado em Direito) – Centro de Ciências Sociais, Faculdade de Direito da Universidade do Estado do Rio de Janeiro, Rio de Janeiro, 2014. Disponível em: <http://www.bdtd.uerj.br/handle/1/9318>. Acesso em: 16 jan. 2023.

SALLES, C. A. de. **Arbitragem em contratos administrativos**. Rio de Janeiro: Forense, 2011.

SÃO PAULO (Cidade). **Contrato de Concessão dos Serviços de Modernização, Gestão, Operação e Manutenção do Complexo do Pacaembu**. 16 set. 2019. Disponível em: <https://drive.google.com/file/d/1gLTuAmHw7S_Sj-pdgAUPO6kEFlLdxb5f/view>. Acesso em: 16 jan. 2023.

SÃO PAULO (Cidade). Decreto n. 59.963, de 7 de dezembro de 2020. **Diário Oficial da Cidade**, São Paulo, 7 dez. 2020. Disponível em: <http://legislacao.prefeitura.sp.gov.br/leis/decreto-59963-de-7-de-dezembro-de-2020#:~:text=Regulamenta%20o%20artigo%207%C2%BA%20da,9.307%2C%20de%2023%20de%20setembro>. Acesso em: 16 jan. 2023.

SÃO PAULO (Estado). Decreto n. 64.356, de 31 de julho de 2019. **Diário Oficial do Estado São Paulo**, SP, 1 ago. 2019. Disponível em: <https://www.al.sp.gov.br/repositorio/legislacao/decreto/2019/decreto-64356-31.07.2019.html#:~:text=Disp%C3%B5e%20sobre%20o%20uso%20da,e%20suas%20autarquias%20sejam%20parte>. Acesso em: 16 jan. 2023.

SÃO PAULO (Estado). Procuradoria-Geral do Estado. **Procedimento Arbitral 82/2020**. Disponível em: <https://www.pge.sp.gov.br/Portal_PGE/Portal_Arbitragens/paginas/Arbitragem_get_file.asp?idr=396>. Acesso em: 16 jan. 2023.

SÃO PAULO (Estado). Procuradoria-Geral do Estado. **Procedimento Arbitral 23.002/2017**. Disponível em: <http://www.pge.sp.gov.br/Portal_PGE/Portal_Arbitragens/paginas/default.asp?TKU=&IDProc=7&#team>. Acesso em: 25 set. 2022.

SCHIEFLER, G. H. C. Arbitragem nos contratos administrativos e o critério para identificação dos litígios que envolvem direitos patrimoniais disponíveis. **Revista Zênite ILC: Informativo de Licitações e Contratos**, Curitiba, n. 272, p. 989-995, out. 2016.

SCHUMAK, F.; ALVES, S. B. H. Custos arbitrais em perspectiva comparada. In: MARINONI, L. G.; LEITÃO, C. B. (Coord.). **Arbitragem e direito processual**. São Paulo: Thomson Reuters Brasil, 2021. p. 139-156.

SOUZA, L. M. de; OLIVEIRA, I. L. G. de O. (Org.). **Resolução consensual de conflitos coletivos envolvendo políticas públicas**. Brasília: Fundação Universidade de Brasília, 2014.

SUNDFELD, C. A.; ROSILHO, A. Arbitragem na Administração Pública: é hora de parar de resistir. **Revista Zênite ILC: Informativo de Licitações e Contratos**, Curitiba, n. 285, p. 1074-1078, 2017.

TALAMINI, E. A (in)disponibilidade do interesse público: consequências processuais. **Revista de Processo**, v. 264, p. 83-107, 2017.

TONIN, M. M. **Arbitragem, mediação e outros métodos de solução de conflitos envolvendo o Poder Público**. São Paulo: Almedina, 2019.

VENTURI, E. Transação de direitos indisponíveis? **Revista de Processo**, v. 251, p. 391-426, 2016.

UNCITRAL. United Nations Commission on International Trade Law. **Model Law on International Commercial Arbitration**. 1994. Disponível em: <https://uncitral.un.org/sites/uncitral.un.org/files/media-documents/uncitral/en/06-54671_ebook.pdf>. Acesso em: 16 jan. 2023.

UNCITRAL. United Nations Commission On International Trade Law. **Model Law on International Commercial Arbitration**. 2008. Disponível em: <https://uncitral.un.org/sites/uncitral.un.org/files/media-documents/uncitral/en/19-09955_e_ebook.pdf>. Acesso em: 16 jan. 2023.

Questões para revisão

Capítulo 1

1. d
2. a
3. c
4. A Lei de Arbitragem autoriza expressamente que a Administração Pública direta e indireta poderá utilizar-se da arbitragem para dirimir seus conflitos de interesses (art. 1º, § 1º). Ainda, verifica-se que, como a Administração Pública pode contratar, daí se extrai que pode optar pela inserção de cláusulas compromissórias em seus contratos. Outras leis também contemplam a arbitragem com a Administração Pública, como a Nova Lei de Licitações, a Lei n. 13.303/2016, entre outras. Inclusive, o Superior Tribunal de Justiça tem se posicionado favoravelmente à arbitragem como forma de resolução de litígios do Poder Público quando os conflitos versem sobre direitos patrimoniais disponíveis.
5. Em 1995, a implantação do modelo de Administração Pública gerencial impulsionou o desenvolvimento da arbitragem no Brasil, já que o Estado precisou de recursos da iniciativa privada para fazer frente aos serviços prestados à população, como saúde, educação e esporte. Para

atrair investimento estrangeiro, o Estado precisou se adaptar e passar a incluir cláusulas compromissórias nos contratos.

Capítulo 2

1. c

2. c

3. d

4. É recomendável que a arbitragem esteja contemplada em cláusula compromissória prevista em contrato administrativo para que se utilize do método de resolução de conflitos. Todavia, é possível que o Poder Público e o contratado convencionem a arbitragem por meio de compromisso arbitral, a constar de termo aditivo ao contrato. Nesse sentido, versa o Enunciado n. 2 da I Jornada Prevenção e Solução Extrajudicial de Litígios: "Ainda que não haja cláusula compromissória, a Administração Pública poderá celebrar compromisso arbitral" (CJF, 2016). O art. 6º, *caput* e parágrafo 2º do Decreto Federal n. 10.025/2019 permite que o compromisso arbitral seja firmado pela Administração Pública federal, independentemente de prévia cláusula compromissória anteriormente inserida em contrato administrativo ou em aditivo contratual (Brasil, 2019a). Regra semelhante é prevista no Decreto Estadual n. 55.996 (Rio Grande do Sul, 2021), art. 4º, parágrafo 4º.

5. Em virtude do princípio da legalidade, aplicável à Administração Pública (CF, art. 37, I), os conflitos de que ela seja parte devem ser resolvidos de acordo com o ordenamento jurídico, razão por que a arbitragem de equidade não pode ser utilizada nas arbitragens com o Poder Público.

Capítulo 3

1. a

2. e

3. d

4. O árbitro indicado tem o dever de revelar para as partes que foi professor do advogado da Empresa X, e que tinha uma relação mais próxima com ele dentro de sala de aula.

5. As arbitragens com o Poder Público devem observar o princípio da publicidade, com disponibilização dos atos pelas câmaras ou pela própria Administração Pública, excetuadas informações protegidas por segredo industrial ou comercial, ou aquelas sigilosas de acordo com a lei.

Capítulo 4

1. e
2. c
3. b
4. A opção pela arbitragem deve ser orientada pelo advogado público ao gestor, levando em consideração as vantagens que o método confere ao Poder Público. É importante que haja motivação do ato e que seja elaborada convenção arbitral que respeite os princípios da Administração Pública e os decretos que regulam a matéria. Também é fundamental que a cláusula compromissória seja cheia e, caso seja compromisso arbitral, que observe os requisitos previstos no art. 10 da Lei de Arbitragem. A arbitragem com o Poder Público deverá ser de direito, preferencialmente institucional, em língua portuguesa e atender ao princípio da publicidade.

5. As partes têm liberdade para convencionar o rito da arbitragem, mas, geralmente, adotam regulamento da câmara escolhida em caso de arbitragem institucional. O procedimento sempre terá de estar de acordo com os princípios descritos no art. 21, parágrafo 2º, da LA, além dos bons costumes e da ordem pública, conforme o art. 2º, parágrafo 1º, da LA.

Cristina Bichels Leitão é doutora e mestre em Direito pela Universidade Federal do Paraná (UFPR). Procuradora do Estado do Paraná, integra o Grupo Permanente de Trabalho 2 – Mediação, Conciliação e Arbitragem. Conselheira do Conselho Superior da Procuradoria-Geral do Estado do Paraná. Professora de Direito Processual Civil, Negociação, Mediação e Arbitragem da FAE Centro Universitário. Presidente da Comissão de Arbitragem da Ordem dos Advogados do Brasil no Paraná (OAB/PR).

sobre a autora

Os papéis utilizados neste livro, certificados por instituições ambientais competentes, são recicláveis, provenientes de fontes renováveis e, portanto, um meio **respons**ável e natural de informação e conhecimento.

Impressão: Reproset
Maio/2023